SUJEITO, TEMPO E ESPAÇO FICCIONAIS

SUJEITO, TEMPO E ESPAÇO FICCIONAIS
Introdução à Teoria da Literatura

Luis Alberto Brandão Santos
Silvana Pessôa de Oliveira

wmf **martinsfontes**

SÃO PAULO 2019

*Copyright © 2001, Livraria Martins Fontes Editora Ltda.,
São Paulo, para a presente edição.*

1ª edição *2001*
2ª edição *2019*

Revisão gráfica
*Maria Luiza Favret
Helena Guimarães Bittencourt*
Produção gráfica
Geraldo Alves
Paginação
Studio 3 Desenvolvimento Editorial

**Dados Internacionais de Catalogação na Publicação (CIP)
(Câmara Brasileira do Livro, SP, Brasil)**

Santos, Luis Alberto Brandão
  Sujeito, tempo e espaço ficcionais : introdução à teoria da literatura / Luis Alberto Brandão Santos, Silvana Pessôa de Oliveira. – 2ª ed. – São Paulo : Editora WMF Martins Fontes, 2019. – (Coleção linguagem)

  ISBN 978-85-469-0202-6

  1. Espaço e tempo na literatura 2. Sujeito na literatura 3. Teoria literária I. Oliveira, Silvana Pessôa de. II. Título. III. Série.

19-30076   CDD-801

Índices para catálogo sistemático:
1. Literatura : Teoria   801
2. Teoria literária   801

Iolanda Rodrigues Biode – Bibliotecária – CRB-8/10014

Todos os direitos desta edição reservados à
Editora WMF Martins Fontes Ltda.
*Rua Prof. Laerte Ramos de Carvalho, 133 01325-030 São Paulo SP Brasil
Tel. (11) 3293-8150 e-mail: info@wmfmartinsfontes.com.br
http://www.wmfmartinsfontes.com.br*

Índice

Pensar a palavra VII

Capítulo 1 Sujeitos ficcionais 1
    1. Vozes do texto 1
    2. O olhar da narrativa 4
    3. Autor, texto, leitor 10
    4. Narrar-se 17
    5. Você, leitor 19
    6. Idéias de pessoa 22
    7. Máscaras em rotação 25
    8. Seres de papel 27
    9. Imagens do narrador 31

Capítulo 2 Narrar o tempo 43
   Sentidos do tempo 43
    1. Tempo, palavra e repetição 43
    2. O tempo da leitura 46
    3. Artes espaciais e temporais 47
    4. Tempos verbais 48
    5. O tempo ficcional 49

6. Representações objetivas e subjetivas do tempo *52*
   7. Tempo narrativo e tempo poético *53*
   8. Contratempos *54*
  Leituras do tempo *54*
   1. Imagens do tempo *54*
   2. História do tempo *55*
   3. Tempo e memória *57*
   4. Acronias *58*
   5. Perspectivas *62*
   6. A roda da vertigem *64*
Capítulo 3 Espaço e literatura *67*
  Pensar o espaço *67*
   1. Ser e estar *67*
   2. Valores espaciais *68*
   3. Espaços do texto *69*
   4. A realidade da literatura *72*
   5. Visualidade do espaço poético *74*
  Escrever o espaço *78*
   1. O espaço na narrativa *78*
   2. Espaço: motor da memória *83*
   3. Uma paisagem cheia de rugas *85*
   4. Aqui agora *90*

Bibliografia *95*

Pensar a palavra

Este livro persegue dois objetivos. Em primeiro lugar, pretende desempenhar um papel introdutório, dando ênfase a questões fundamentais para o leitor que se inicia no pensamento teórico sobre o texto literário. Em segundo lugar, deseja possuir um caráter especulativo, através de uma abordagem que trata a teoria não como série de conceitos predeterminados, mas como espaço de investigação.

Busca-se, assim, demonstrar que mesmo nas questões básicas há uma surpreendente complexidade. As indagações mais óbvias – O que é texto? Qual é a diferença entre autor, narrador e personagem? Existe ficção? O que é tempo? O que é espaço? – são, na verdade, as mais difíceis de responder. A dificuldade ocorre exatamente porque tais perguntas exigem uma revisão dos pressupostos que geram a sensação de obviedade. O que se procura, portanto, é não apenas pensar a palavra – sobretudo a literária –, mas também pensar o próprio pensamento sobre a palavra.

O livro surgiu a partir de nossa experiência como professores em cursos de Letras. No contato com os alunos, sentíamos a necessidade de reagir às concepções que, muitas vezes sem o devido debate, se cristalizam nos livros e em nós mesmos. Fomos, então, redigindo textos curtos, que atuavam sobre cada ponto obscuro detectado. São textos que se querem, acima de tudo, provocativos, dando margem para a produção de novos textos.

Concebemos este livro como um conjunto de exercícios especulativos: modulações de uma reflexão cuja finalidade é estimular outros desdobramentos da ação de refletir, sem temor de seus equívocos ou de suas potencialidades. Este livro é um convite. Um convite para novos convites ao pensamento.

Capítulo 1   Sujeitos ficcionais

1. Vozes do texto

    A linguagem verbal possui duas instâncias básicas. Quando falo ou escrevo, estou desempenhando a *ação* de falar ou de escrever e, além disso, gerando o *produto* de tal ação – que é aquilo que se fala ou se escreve. Ao ato produtor de linguagem verbal, à ação de produzir enunciados, damos o nome de *enunciação*. Já o produto, o resultado da enunciação, chamamos de *enunciado*. Essas duas instâncias são inseparáveis. Não é possível pensar na existência de um enunciado que não tenha sido gerado por uma enunciação (seria como ouvir uma canção que não foi cantada, ou como ler um texto que não foi escrito). Do mesmo modo, não há como imaginar uma enunciação que não se faça através de enunciados (seria como imaginar uma voz que, ao cantar, não produzisse uma canção, ou um escritor que, ao escrever, não produzisse um texto).
    Quando realizamos a distinção entre enunciação e enunciado, dizer e dito, expressão e expresso, tornamos

necessária uma segunda distinção: entre sujeito da enunciação e sujeito do enunciado. A princípio, e de uma maneira bastante genérica, o sujeito da enunciação é todo agente que cria algum enunciado. Já o sujeito do enunciado é o ente que desempenha a ação à qual o enunciado faz referência. O sujeito da enunciação é externo ao enunciado, enquanto o sujeito do enunciado é interno. Se eu digo "Maria escreveu um belo artigo", Maria é o sujeito do enunciado, o agente responsável pela ação enunciada – a ação de escrever. Já o sujeito da enunciação sou eu, o agente que fez a afirmativa sobre Maria.

A distinção entre sujeito da enunciação e sujeito do enunciado deve ser analisada, mais minuciosamente, em dois contextos diferentes. Quando o texto que se produz – seja ele oral ou escrito – não tem caráter ficcional, é possível identificar o sujeito da enunciação com a pessoa que produz o texto. Se estou em uma roda de amigos, aquilo que falo é, obviamente, atribuído a mim. Do mesmo modo, se recebo uma carta, pressuponho que tudo o que está escrito é a expressão do pensamento de quem assina a carta, de seu autor. Nesse caso, é possível dizer que o sujeito da enunciação corresponde ao *autor* de um determinado texto verbal.

Quando se trata de um texto ficcional, tal correspondência não é válida. Em um determinado momento do livro *Dom Casmurro*, de Machado de Assis, deparamos com a seguinte frase: "Capitu deu-me as costas, voltando-se para o espelhinho."[1] Não é difícil perceber que o sujeito do enunciado é, aqui, Capitu. Capitu é o agente que pratica as ações de dar as costas e voltar-se

---

1. ASSIS, Machado de. *Obra completa*. Rio de Janeiro: Nova Aguilar, 1997, p. 843, vol. 1.

para o espelho – ações referidas no enunciado. Mas quem é o sujeito da enunciação? Quem afirma que "Capitu deu-me as costas..."? Quem está narrando a cena? Quem é esse "eu" a quem Capitu dá as costas? O leitor de *Dom Casmurro* sabe que o nome desse eu é Bentinho, o *narrador* do livro. Tudo que é dito ao longo da narrativa é dito através de sua voz. Bentinho, contudo, é um sujeito ficcional, ele também é habitante do universo imaginado por Machado de Assis. Pode-se pensar, assim, que existem dois níveis de enunciação: há um nível ficcional de enunciação – cujo sujeito, em *Dom Casmurro*, é Bentinho; e um nível não-ficcional de enunciação – cujo sujeito é Machado de Assis. No primeiro caso, trata-se de um *narrador*; no segundo, de um *autor*. O narrador, portanto, não é quem efetivamente escreve o livro (é possível, porém, que o narrador *encene*, *simule* a ação de escrevê-lo). A voz do narrador *não é* a voz do autor, apesar de poder haver, entre elas, muitas semelhanças – de timbre, de intensidade, de sinuosidade, etc. O narrador é uma *criação* do autor. A voz do narrador é a *ficção de uma voz*. Um nível de enunciação (Bentinho narrando sua história) está contido no outro (Machado narrando a história de Bentinho narrando sua história). A voz de Bentinho está contida na voz de Machado, mas não corresponde a ela.

Há, nos textos ficcionais, um profundo imbricamento de vozes. As vozes das personagens são veiculadas pela voz do narrador (ouvimos Capitu através de Bentinho). Mas o narrador também pode ser personagem, pois pode aparecer representado, figurado em sua própria narrativa (Bentinho, além de sujeito da enunciação ficcional, também é o sujeito de muitos enunciados). É preciso lembrar, no entanto, que as vozes do narrador e das personagens soam através de uma outra voz que as articula em um conjunto. Essa voz, agregadora mas múltipla, é a voz do autor.

2. O olhar da narrativa

Em toda história há uma voz que narra. No cenário da ficção, a figura do narrador deve ser entendida fundamentalmente como categoria textual à qual cabe a tarefa de enunciar o discurso. Trata-se, portanto, de um ser de papel que, como articulador da narração, determina o ponto de vista. Sendo assim, a narrativa constrói-se através de uma série de convenções que se revelam a partir do ponto de vista escolhido.

As teorias que se propõem a refletir sobre o narrador de textos ficcionais fazem uso, com freqüência, de um vocabulário que privilegia a visualidade. Não por acaso, as palavras designativas da posição do narrador são: foco, visão, ponto de vista, perspectiva. Com isso, tem-se a impressão de que se deseja destacar justamente um determinado modo de relacionamento com as coisas, a presença de um sujeito capaz de delimitar e controlar o seu campo perceptivo ao imprimir sua subjetividade na matéria narrada. Esse encaminhamento teórico – que pressupõe uma direção que vai do olho para o olhar, do olhar para o perceber, e do perceber para o ser – é a estratégia encontrada para reconhecer, na ficção, o sujeito. Tal estratégia é o que se convencionou chamar de "pontos de vista" da narrativa, questão largamente discutida pela Teoria da Literatura ao longo do século XX.

Um dos principais teóricos empenhados em pensar a questão dos pontos de vista foi Jean Pouillon, no texto que discute as "visões" da narrativa[2]. A classificação proposta por esse ensaísta já havia sido sugerida por Percy Lubbock[3] e distingue três pontos de vista possíveis: visão por detrás, visão com, e visão de fora. A essa classificação pode ser associada uma outra, difundida por Gérard Genette, que define o narrador segundo sua relação com a diegese, ou seja, com a história narrada: narrador heterodiegético, autodiegético e homodiegético[4]. Tem-se, assim, os três tipos básicos de visão e seus narradores correspondentes:

a) Visão por detrás – Visão relacionada ao narrador onisciente, que sabe tudo sobre as personagens. A onisciência denota um privilégio: o narrador tanto pode saber aquilo que se passa no íntimo das personagens, como ter amplo conhecimento da trama. É como se ele fosse um demiurgo, pois define e controla todas as ações. Esse tipo de narrador é encontrado no romance clássico e, particularmente, na narrativa realista do século XIX. Nessa visão, em geral o narrador é heterodiegético, ou seja, relata uma história à qual é estranho, uma vez que não integra nem integrou, como personagem, o universo diegético em questão. Predominantemente, exprime-se na terceira pessoa e possui uma considerável autoridade em relação à história que conta.

No exemplo abaixo, extraído das primeiras páginas do romance *Crime e castigo*, de Dostoiévski, é possível observar o modo como o narrador descreve não apenas

---

2. POUILLON, Jean. *O tempo no romance*. Trad. Heloysa de Lima Dantas. São Paulo: Cultrix, 1974.
3. LUBBOCK, Percy. *A técnica da ficção*. Trad. Octavio Mendes Cajado. São Paulo: Cultrix, 1976.
4. GENETTE, Gérard. *Discurso da narrativa*. Trad. Maria Alzira Seixo. Lisboa: Arcádia, 1979.

fisicamente a personagem Raskólhnikov, mas também seu estado de espírito, seus pensamentos e sensações:

> Na rua fazia um calor sufocante, ao qual se juntavam a aridez, os empurrões, a cal por todos os lados, os andaimes, os tijolos, o pó e esse mau cheiro peculiar do verão, conhecido de todos os petersburguenses que não possuem uma casa de campo. Tudo isso junto provocava uma impressão desagradável nos nervos do rapaz, já bastante excitados. Completavam o tom repugnante e o triste colorido do quadro o cheiro insuportável das tabernas, particularmente numerosas naquele setor da cidade, e os bêbados que se encontravam a cada passo apesar de ser dia de trabalho. Um sentimento de profundo desgosto se refletiu por um momento nas feições finas do rapaz. Para dizer a verdade, era um bonito rapaz, com uns magníficos olhos escuros, o cabelo castanho, de estatura acima da mediana, magro, de muito boa figura. Mas não tardou que voltasse a mergulhar numa espécie de profundo indiferentismo e, para sermos mais precisos, num completo alheamento de tudo, de tal maneira que caminhava sem fixar a atenção à sua volta e também sem querer fixá-la. Somente uma ou outra vez murmurava qualquer coisa por entre os dentes, obedecendo ao costume de monologar, que há pouco a si próprio confessara. Agora mesmo teve de reconhecer que, às vezes, os seus pensamentos se confundiam e se sentia fraco; e esse era o segundo dia em que não se alimentava.[5]

b) Visão com – Visão característica das narrativas escritas em primeira pessoa, em que há a presença do narrador-personagem. Nesse tipo de literatura, o narra-

---

5. DOSTOIÉVSKI, Fiódor M. *Crime e castigo*. Trad. Natália Nunes. São Paulo: Abril Cultural, 1979, pp. 10-1, vol. 1.

dor conhece – ou finge conhecer – tanto quanto as personagens. É o caso da narrativa que utiliza o monólogo interior. Aqui, o narrador é autodiegético, ou seja, relata as suas próprias experiências como personagem central da história.

O trecho de *O Ateneu*, transcrito a seguir, mostra a maneira como Sérgio, o narrador do livro, relata sua relação ambígua com a personagem Sanches:

> Conservar-me na sala das lições era uma medida de prudência. Estes intervalos regulamentares de descanso, aproveitava-os para me adiantar no curso. Pois bem, durante estes momentos de aplicação excepcional em que ficávamos a sós, eu e o grande, definiu-se o fundamento da antipatia pressentida. A franqueza da convivência aumentou dia a dia, em progresso imperceptível. Tomávamos lugar no mesmo banco. Sanches foi-se aproximando. Encostava-se, depois, muito a mim. Fechava o livro dele e lia no meu, bafejando-me o rosto com uma respiração de cansaço. Para explicar alguma coisa, distanciava-se um pouco; tomava-me, então, os dedos e amassava-me até doer a mão, como se fosse argila, cravando-me olhares de raiva injustificada. Volvia novamente às expressões de afeto e a leitura prosseguia, passando-me ele o braço ao pescoço como um furioso amigo.[6]

c) Visão de fora – Visão veiculada pelo narrador que finge saber menos que as personagens. É comumente associada à narrativa cinematográfica. Em geral, descrevem-se as atitudes e características das personagens, a partir de uma perspectiva distanciada, eliminando-se, as-

---

6. POMPÉIA, Raul. *O Ateneu*. 9ª ed. São Paulo: Ática, 1986, p. 38.

sim, qualquer tipo de análise e de juízo explícitos. Nesse caso, o narrador costuma ser homodiegético, pois retira, de uma história na qual participa como personagem, as informações de que precisa para construir seu relato. Esse tipo de narrador aparece freqüentemente figurado como simples testemunha ou como personagem solidária, de algum modo, com a personagem principal.

No conto "Notas de Manfredo Rangel, repórter", de Sérgio Sant'Anna, o narrador é um jornalista que acompanha a trajetória do político Kurt Kramer Emanuel, com o objetivo de registrá-la nos mínimos detalhes. O fato de agir como testemunha, contudo, não garante ao narrador o acesso à verdade da personagem, mas apenas a uma versão cheia de lacunas e contradições:

> Eu leio estas notas contraditórias e fragmentárias e elas me parecem mais ficcionais do que o esboço de um romance (que talvez eu venha a escrever). Como se o personagem Kramer tivesse brotado artificialmente de minhas mãos. Uma espécie de massa informe de que posso dispor como quiser. E sinto-me impotente diante do homem real, Kramer. O homem dentro de si mesmo, sentindo suas próprias sensações. E não o homem analisado e resumido do "exterior". Começo a entender que tudo aquilo que se escreve ou fala, mesmo de fatos ou pessoas reais, sempre se torna mítico, escorregadio e arbitrário. É impossível abranger toda a complexidade de um homem.
> (...)
> Estas notas que, escritas resumidamente, mais se assemelham a um roteiro de cinema. Como se se planejassem as tomadas de cena para um filme. Como se eu tivesse procurado os ângulos mais fotogênicos de Kramer.[7]

---

7. SANT'ANNA, Sérgio. *Notas de Manfredo Rangel, repórter* (a respeito de Kramer). Rio de Janeiro: Civilização Brasileira, 1973, p. 205.

A crítica à taxonomia acima é efetuada por Tzvetan Todorov em texto que discute as "visões" do narrador. Partindo da constatação de que nenhuma visão existe em estado puro – o que torna problemática qualquer classificação –, Todorov desloca a questão da "visão" para a da "voz", substituindo a idéia de unidade de visão pela de variação dos modos e graus de intervenção do narrador no texto[8].

Uma das formas mais freqüentes dessa intervenção ocorre quando o narrador se encontra representado no próprio texto. Em muitos casos, ele não é uma personagem comum, mas desempenha o papel de escritor. De qualquer modo, sendo uma das figuras centrais de toda narrativa (a outra figura é o narratário), o narrador pode aparecer estrategicamente representado como protagonista – isto é, como personagem principal da ficção que ele mesmo narra – ou pode simplesmente aparecer como testemunha discreta, alguém que olha a cena e conta o que vê.

Da perspectiva de Todorov às teorias contemporâneas, o que se evidencia é a intensificação do debate em torno da crise do papel do narrador, à medida que são problematizados o sujeito que narra e o modo como narra. Atualmente, afirma-se que a posição do sujeito pleno é cada vez mais insustentável, porque se torna impossível para o sujeito dominar a complexidade que envolve os campos do saber, do poder ou da História. Em um universo de signos sem verdade e sem origem, estaríamos assistindo, então, à morte do narrador? Se pensamos em

---

8. TODOROV, Tzvetan. *Estruturalismo e poética*. Trad. José Paulo Paes, Frederico Pessoa de Barros. São Paulo: Cultrix, 1976.

um narrador que detém o controle e o saber absolutos daquilo que narra, sim. Contudo, talvez a resposta seja negativa se imaginarmos que, nesse universo, o narrador é um conjunto de pontos para onde confluem várias forças – confluências que se potencializam. No texto, superfície de encontros e cruzamentos em que todas as vozes são simuladas – livres e nômades –, assiste-se à agonia da linguagem idealizada e à dissolução daquele que tem a pretensão de detê-la. Não são estáveis nem o que é dito, nem aquele que diz: a subjetividade é uma forma de imaginação.

3. Autor, texto, leitor

Quando fazemos um trabalho de análise literária, por que costumamos achar importante acrescentar, de maneira destacada, uma lista com os principais fatos e datas da biografia do autor? Tal costume apóia-se na noção de que a obra não pode ser estudada autonomamente: pensamos que é imprescindível, para falar de um texto, falar, em primeiro lugar, de quem o produziu. Essa noção, que poderíamos chamar de *biografismo*, é uma herança muito forte de um modo de abordagem dos textos literários predominante até o final do século XIX. Acreditava-se que o papel de quem analisa uma obra deveria ser o de *explicá-la*, de dar uma solução para os enigmas formulados, esclarecendo os pontos obscuros. Tratava-se, portanto, de estabelecer a *verdade* da obra. Para isso, buscavam-se as *causas* de cada texto, descobertas através do estudo dos dados biográficos do autor. Seria possível, segundo essa perspectiva, preencher as indagações do texto com as respostas proporcionadas pela vida de quem o criou.

O biografismo pressupõe a idéia de que a arte imita a vida, de que todo texto reproduz a biografia de seu criador. Essa concepção ainda é bastante difundida. É muito comum, quando lemos um texto que nos desafia, imediatamente fazermos perguntas do tipo: "O que o escritor quis dizer?", "Qual foi a intenção do poeta?". São perguntas que revelam que atribuímos, a uma instância autoral, a responsabilidade de definir a forma de recepção do texto. A presença do autor tutela e condiciona os movimentos da obra. No caso de escritores mortos, buscamos sua presença nas informações que compõem sua biografia. Pressupomos, assim, que há uma maneira *correta* de ler, e essa maneira é aquela que teria sido idealizada pelo autor.

O biografismo passou a sofrer duras críticas a partir das primeiras décadas do século XX, com as correntes *formalistas* de análise, que, como o nome indica, se preocupavam mais com a forma dos textos, seus aspectos internos, do que com os dados exteriores a eles. Passa-se a pensar que o que interessa não é a intenção do autor, mas como essa intenção realmente ganha forma no espaço textual, o modo pelo qual se concretiza em palavras. Não importa o que o autor *quis dizer*, mas o que efetivamente seu texto *diz*. Passa-se a acreditar na autonomia do texto. Analisá-lo corresponde a investigar aquilo que ele traz em si mesmo, suas características imanentes.

A radicalização dessa idéia vai ocorrer sobretudo a partir da década de 50, atingindo seu ápice no decreto da "morte do autor". A recusa do biografismo tem como justificativa a idéia de que o autor não é o proprietário da significação da obra. O autor é um leitor como qualquer outro. O texto pode veicular outros sentidos, não previstos ou até mesmo não desejados pelo autor. A verdade não estaria mais na intenção autoral, mas na própria estrutura da obra. O trabalho do crítico passa a ser, assim, o de explorar minuciosamente cada nuance do texto para desvendar seus segredos. É nas entranhas das próprias formas da linguagem literária que se deve procurar a revelação para as indagações por ela propostas.

Esse novo ponto de vista, que poderíamos denominar *imanentismo*, transfere o foco de interesse do exterior da obra para o seu cerne, da análise de dados extrínsecos para a de dados intrínsecos. O texto passa a ser, portanto, a única fonte válida de pesquisa. Tal concepção, porém, compartilha um mesmo pressuposto com a anterior. Continua a existir a crença de que haveria uma verdade a ser descoberta. O autor não é mais o detentor da chave do texto, mas a chave existe. Para encontrá-la, cabe ao crítico investigar os labirintos do próprio texto.

Ao final da leitura do romance *Dom Casmurro*, de Machado de Assis, muitos leitores se sentem incomodados com uma dúvida: teria ou não a personagem Capitu traído seu marido, Bentinho, narrador do livro? Segundo o biografismo, a melhor maneira de resolver o enigma seria investigar a biografia do autor. Machado de Assis teria vivenciado a experiência da traição e a transposto para a obra? Teria Machado conhecido algum casal cujos conflitos conjugais foram reproduzidos em *Dom Casmurro*?

Segundo a abordagem imanentista, as questões acima não fazem sentido, pois pressupõem que o trabalho do autor não é um trabalho de elaboração, de ficcionalização, e sim uma transferência ingênua ou inconsciente das experiências vividas. Deve-se, assim, dirigir as perguntas não para o autor, mas para o próprio livro. O procedimento correto seria fazer um levantamento detalhado de vários elementos do texto – nuances na linguagem do narrador, a caracterização do temperamento das personagens, o encadeamento das pequenas cenas e ações na composição do enredo –, recolhendo dados, pistas, mesmo que muito veladas, que comprovariam ou desautorizariam a tese do adultério.

Observe-se que, em ambos os casos, o crítico atuaria como um detetive: seja procurando no livro, com uma lupa, os indícios do crime, seja seguindo os passos do autor para elucidá-lo. Em ambos os casos, acredita-se que existe, em algum lugar, a resposta. A verdade sobre o adultério de Capitu só dependeria do talento do detetive.

Os pressupostos das duas linhas de abordagem do texto literário mencionadas deixam em segundo plano o papel do leitor. O leitor seria um mero decodificador de textos, alguém que se deixa conduzir passivamente pela obra ou que deve ter como meta acompanhar a intenção do autor. Após o esgotamento das leituras estruturalistas – que buscavam as *estruturas imanentes*, as *fórmulas* de funcionamento dos textos –, muito difundidas nas décadas de 60 e 70 do século XX, a importância do papel do leitor começou a ser mais discutida. A leitura pôde ser vista como um elemento de construção de significados, e não uma operação puramente decodificadora. Passa-se a pensar que a recepção é uma instância fundamental de interferência sobre os textos, ou melhor, torna-se impossível imaginar que exista o sentido de um texto sem que haja leitura.

Em um texto, não há significação prévia. Isso corresponde a dizer que uma obra pode ser lida de diferentes maneiras, não há uma única forma de interagir com os textos. Uma prova disso é que uma mesma obra é recebida de modos distintos em contextos diversos de recepção. Um escritor cuja obra foi considerada maluca, incompreensível em certo momento histórico, pode ser reconhecido em outro – é o caso, por exemplo, de Qorpo Santo, cujas peças de teatro, escritas no Brasil em meados do século XIX, só recentemente vêm sendo valorizadas como precursoras do Teatro do Absurdo europeu. Textos cuja circulação foi, em determinada época, restrita, por terem sido classificados de pornográficos – como ocorreu com parte da obra de Gregório de Matos –, podem ser amplamente lidos e discutidos em outra época. Um livro tachado de herético, amaldiçoado por uma cultura, pode ser aceito tranqüilamente por outra, como ocorreu com *Versos satânicos*, de Salman Rushdie – escritor indiano, naturalizado inglês, que por muito tempo viveu às escondidas por ter sido condenado à morte pelo aiatolá Khomeini, então dirigente do Irã.

A descoberta da importância do leitor para os estudos literários implica o abandono da idéia de verdade única do texto. Um texto tem verdades múltiplas, depende da maneira como é lido. O papel do crítico não é mais o de detetive. O crítico é um leitor que, como qualquer outro, participa da elaboração do sentido da obra. É, assim, também um *criador*. Sua contribuição não é a de determinar a leitura correta, mas a de expandir as possibilidades de leitura. Como um leitor especializado e mais atento, caberia ao crítico ressaltar certas relações, certos detalhes que podem passar despercebidos para o leitor desatento, sugerindo modos de leitura mais complexos e sofisticados.

No entanto, a valorização excessiva do leitor gera o risco de se pensar a obra como uma mera projeção da subjetividade de quem lê. O leitor poderia enxergar, no texto, aquilo que bem entendesse. Seu papel seria o de um *doador* de sentidos. O texto seria uma página em branco, e caberia ao leitor atribuir a significação que lhe aprouvesse. As obras funcionariam como telas sobre as quais o desejo do leitor projetaria livremente suas próprias imagens. Tal raciocínio não leva em conta o fato de que os textos atuam como estímulos à capacidade associativa do leitor – estímulos que variam de obra para obra. Cada texto exige do leitor um certo posicionamento. Todo texto *ativa* o seu leitor.

Além disso, é preciso lembrar que, quando falamos de leitura, estamos nos referindo a uma ação que é, também, coletiva. Todos nós estamos inseridos em uma cultura. Por maiores que sejam as particularidades de cada indivíduo, compartilhamos formas de atribuir sentido ao mundo e aos textos que nos cercam. Há, portanto, um *horizonte de leitura*, que pode ser mais ou menos heterogêneo, mas que é, de certo modo, comum a cada época, a cada grupo social.

O abandono das leituras imanentistas torna possível não apenas repensar o papel do leitor, mas também voltar a discutir a figura do autor como elemento de interesse para a análise literária. Não se trata, obviamente, de retomar o velho biografismo, mas de conceber o autor a partir de outras perspectivas. Uma delas é a que toma o autor como um fato literário, um efeito do texto. Todo texto possui certa forma de arranjo e organização da linguagem que remete a uma unidade de concepção. Assim, é possível pensar em Machado de Assis não como cidadão, pessoa física, mas como um certo *modo de escrita*. Machado não está *por trás* da obra, mas *dentro* dela, expresso *através* dela.

Uma outra perspectiva interessante é considerar que a própria pessoa do autor constitui, também, um determinado texto. Todos nós convivemos com o fato de que nosso ser só existe enquanto *imagem* para a sociedade em que vivemos. Assim, o escritor não veicula apenas os textos que escreve, mas também o texto de si mesmo, no qual ele desempenha o *papel* de escritor. Nesse sentido, também o autor é um sujeito ficcional. Entrevistas em programas de televisão, reportagens de jornal, declarações em eventos, resenhas, biografias, fotos em revistas – tudo isso compõe o *texto do autor*. Um texto que é veiculado paralelamente à própria obra. Pode ser instigante, para o leitor e o crítico atuais, comparar estes dois textos: o produzido *pelo* escritor, e aquele que se produz *do* escritor. De fato, são dois textos intimamente associados. O autor que encontramos dentro do livro afeta a imagem do autor que acompanhamos fora do livro. Do mesmo modo, a imagem que formamos de um autor influencia a maneira como interagimos com as características de seu perfil propriamente literário, sobretudo na época atual, em que são intensas as estratégias de *marketing,* em que o nome do autor tende a se transformar em *griffe.*

Autor, texto, leitor. O pensamento mais difundido atualmente é que nenhuma dessas três esferas é autônoma. Não é possível conceber um texto que não esteja vinculado a um certo contexto de produção e também a um contexto de recepção. Todo texto pressupõe o gesto de escrita e o de leitura. O sentido não está em um único lugar – não está na intenção autoral, nos dados imanentes da linguagem, nem no olhar puramente subjetivo do leitor. Os sentidos estão sempre em circulação, em trânsito pelos três espaços. A significação é um *processo*, no qual entram em constante diálogo gestos de concepção, realização e reconfiguração.

4. Narrar-se

> Escapei ao agregado, escapei a minha mãe não indo ao quarto dela, mas não escapei a mim mesmo. Corri ao meu quarto, e entrei atrás de mim. Eu falava-me, eu perseguia-me, eu atirava-me à cama, e rolava comigo, e chorava, e abafava os soluços com a ponta do lençol. Jurei não ir ver Capitu aquela tarde, nem nunca mais, e fazer-me padre de uma vez. Via-me já ordenado, diante dela, que choraria de arrependimento e me pediria perdão, mas eu, frio e sereno, não teria mais que desprezo, muito desprezo; voltava-lhe as costas. Chamava-lhe perversa. Duas vezes dei por mim mordendo os dentes, como se a tivesse entre eles.[9]

No trecho acima, parte do capítulo "O desespero", do romance *Dom Casmurro*, é possível observar nitidamente a multiplicação dos sujeitos ficcionais. O narrador – sujeito da enunciação – é Bentinho. Esse narrador, contudo, se desdobra em personagem – sujeito do enunciado. Utilizando a liberdade do texto ficcional, são ex-

---

9. ASSIS, Machado de. *Obra completa*. Rio de Janeiro: Novo Aguilar, 1997, p. 885, vol. 1.

ploradas as possibilidades de se jogar com a duplicidade de "eus". Bentinho se coloca nos dois lados da ação narrativa: há um "eu" que narra, e um "eu" que é narrado. Tal desdobramento ocorre sempre, em qualquer tipo de texto. O texto literário, no entanto, pode tirar partido do fato de os dois "eus" não serem necessariamente coincidentes. Pressupõe mesmo que há uma grande distância entre eles.

Na passagem de *Dom Casmurro*, constatamos, ainda, a cisão da personagem. Quando se diz que "eu perseguia-me, eu atirava-me à cama", há um primeiro "eu", que é Bentinho narrando; um segundo "eu", que é o Bentinho que persegue e atira alguém à cama; e ainda um terceiro "eu", que é o Bentinho perseguido e atirado à cama. Há um "eu" agente da narrativa. Há também um "eu" paciente (objeto da ação de narrar), que, por sua vez, se desdobra em um "eu" ativo e um "eu" passivo relativamente às ações narradas. Verifica-se, portanto, uma cisão explícita do eu: "eu" não corresponde a "si". "Eu" é tratado como um "ele", como um "outro".

O trecho de Machado deixa claro que toda referência que o sujeito faz a si mesmo produz essa dissociação. Ao falar de si, ao pensar sobre si, ao escrever sobre si, o sujeito está se multiplicando, está colocando em xeque sua unidade. Quando Bentinho se vê como padre, desprezando os apelos de Capitu, ele está criando uma *imagem* de si mesmo. Está produzindo um *sujeito ficcional*. Machado cria um narrador que, por sua vez, cria uma personagem, a qual se imagina realizando seus desejos. Podemos nos indagar se esse processo de criação de imagens não ocorre também fora dos textos especificamente ficcionais. Quando escrevo um diário, ou uma autobiografia, por mais honesto que eu pretenda ser, não *seleciono* as imagens que desejo projetar de mim mesmo? Não estou construindo um sujeito ficcional? Não estou *simulando* um "eu"?

A diferença é que certos textos tentam negar tal simulação, acreditando ser possível apresentar um sujeito uno, exatamente "como ele é". Outros textos vão apostar na direção contrária, exibindo seu próprio caráter ficcionalizador. Não se pretende dizer, no entanto, que os sujeitos dos diários e das autobiografias – ou mesmo as imagens de nós mesmos que criamos em nossos pensamentos e em nossas falas – são *falsos*, mas sim que são, em certo sentido, *ficcionais* (lembrando que ficção não é sinônimo de falsidade, mas de suspensão do limite que separa os conceitos de falso e de verdadeiro). Tais sujeitos são facetas diferenciadas, máscaras que se trocam, criações mutáveis de nossos desejos. Narrativas de nós mesmos.

5. Você, leitor

"A leitora, que é minha amiga e abriu este livro com o fim de descansar da cavatina de ontem para a valsa de hoje, quer fechá-lo às pressas, ao ver que beiramos um abismo. Não faça isso, querida; eu mudo de rumo."[10] A quem se dirige o narrador de *Dom Casmurro*, nessa passagem específica? A uma amiga sua, alguém que ele efetivamente conhece? Que figura é essa que, ganhando particularização, pode levar a se pensar que outros leitores

---

10 ASSIS, Machado de. *Obra completa*. Rio de Janeiro: Novo Aguilar, 1997, p. 925, vol. 1.

estariam excluídos do comentário de Bentinho? Seria verdade que, através desse recurso, Machado de Assis *conversa* com seus leitores?

A mesma tendência de confundir autor e narrador pode ser observada no que diz respeito a leitor e narratário. O termo *narratário* foi cunhado para designar o sujeito para quem se narra, aquele a quem se dirige o discurso. Sempre que escrevemos um texto, estamos nos dirigindo a alguém, pressupondo a existência de um leitor, mesmo que possamos não definir ou imaginar, com nitidez, quem é esse alguém. Em muitas situações, sabemos quem é o leitor real de nossos textos. É o que ocorre com textos de endereçamento predeterminado e circulação restrita, como é o caso de cartas e outros tipos de mensagens pessoais. No entanto, mesmo em tais situações, criamos, no próprio texto, uma certa imagem do leitor. Quando digo, por exemplo: "Estou certo de que você compreenderá a minha atitude", estou *construindo* o leitor que desejo, um leitor compreensivo e bondoso – características que o leitor real pode não ter. Esse leitor construído, pressuposto, pressentido, desejado é o narratário. De maneira semelhante, podemos conhecer o autor real de um texto. Mas, no espaço textual, o autor aparece transfigurado, por omissão ou reforço de certos traços, ou seja, assumindo a voz de um narrador. Assim como o narrador é o resultado de um processo de ficcionalização do autor, o narratário é o resultado da ficcionalização do leitor.

Nenhum escritor sabe, exatamente, quem é o leitor de seus livros. Por outro lado, sempre se escreve tendo-se em mente o fato de que haverá um leitor. É essa *idéia de leitor* – o narratário – que podemos detectar em qualquer texto. Este texto, por exemplo, que você está lendo agora, neste momento. Não sei quem você é, mas *eu* escrevo para *você*. Quando digo *você*, porém, estou falando de uma imagem, de um interlocutor que tento atingir com aquilo que escrevo. Você é *meu* leitor, alguém simultaneamente concreto e abstrato, que ao mesmo tempo corresponde e foge ao meu desejo de diálogo. De maneira semelhante, quando você lê *eu*, você não sabe quem fala, mas cria, a partir do texto, uma imagem daquele que escreve, uma imagem desse *eu*. É possível perceber, por exemplo, através de elementos da própria linguagem escolhida aqui, que este livro não foi escrito para pessoas que não gostam de literatura, ou para pessoas que esperam uma abordagem teórica mais técnica. O narratário deste texto é alguém interessado em se iniciar no exercício especulativo das questões literárias. É este o *você* com quem dialogo.

O que fiz, acima, foi explicitar o leitor pressuposto por meu texto – explicitar *você*. No caso de textos ficcionais, tal mecanismo de pressuposição pode ser amplamente utilizado. É possível brincar com o leitor ficcional, simulando a presença do leitor, simulando o próprio poder de interferência que o leitor tem sobre o texto. No trecho de *Dom Casmurro*, sabemos que a "leitora amiga" é uma ficção, uma estratégia utilizada para marcar uma "mudança de rumo" na narrativa. Ao se criar um leitor insatisfeito, que ameaça fechar o livro, incorpora-se um olhar crítico aos movimentos do narrador. Ao afirmar sua vontade de agradar, o narrador deixa claro o quanto imagina estar perturbando o leitor. O pacto de confiança com o interlocutor não esconde o quanto é importante, na obra machadiana, a intenção de deslocar as expectativas de quem lê. A aparente submissão de Bentinho é uma maneira de realçar ainda mais o incômodo a ser produzido na "leitora querida" – forma ficcional de problematizar o conservadorismo e a acomodação de muitos leitores.

6. Idéias de pessoa

Quando se fala de narrador ou de personagem ficcionais, toma-se freqüentemente como referência a idéia de pessoa humana. Uma personagem de ficção pode nos parecer mais ou menos convincente, mais ou menos semelhante aos seres que encontramos no mundo real. Isso indica que tendemos a percebê-la utilizando como molde nossa concepção de pessoa. É importante ressaltar, contudo, que a noção de pessoa humana é variável. O que entendemos por *pessoa*, hoje, não corresponde ao que se entendia em outras épocas e culturas. Isso ocorre porque o ser humano, nos pensamentos e nas representações que cria de si mesmo, não leva em conta apenas o fato de ser um sujeito biológico. Há um processo muito mais complexo de atribuição de valores, de projeção de significados culturais sobre a figura humana. Pode-se afirmar que a idéia de pessoa é uma *construção social*, e que, portanto, varia historicamente, manifestando-se de modo distinto em cada sociedade.

Nas sociedades primitivas, não existe a noção de pessoa como a entendemos hoje. Os seres ocupam lugares sociais, desempenham papéis que são herdados de geração para geração. É possível, por exemplo, que alguém venha a receber exatamente o mesmo nome de um antepassado – não há a idéia do nome como marca individual intransferível. Ocupa-se um nome do mesmo modo como se ocupa uma função no grupo a que se pertence. Cada ser é, pois, a reatualização de um papel que já foi e será desempenhado por outros seres. Cada ser atua como um elo de uma cadeia maior que une os vivos e os mortos.

O surgimento da idéia jurídica de pessoa ocorre na cultura greco-latina. Nessa cultura, concebe-se o ser como um cidadão da *polis*: alguém que possui direitos e deveres, sendo responsável, assim, por seus próprios atos. A idéia de pessoa vai se fortalecendo como categoria moral: intensifica-se a consciência da noção de pessoa enquanto um valor a ser determinado pelas leis humanas.

A partir do Cristianismo, difunde-se com intensidade um sentido propriamente humanista agregado à idéia de pessoa. Atribui-se ao ser uma inegável dimensão espiritual: passa-se a falar dos seres como seres *humanos*. A idéia de humanidade faz com que cada ser seja concebido não apenas de uma perspectiva particularizada (cada homem é julgado por seus pecados), mas também de uma perspectiva universalizante (os homens são iguais perante Deus). Todos os seres humanos desfrutam de uma mesma condição – que é, exatamente, a sua *humanidade*.

Com o Renascimento, e sobretudo a partir do século XVIII, o conceito de pessoa vai passar a pressupor a existência de uma autoconsciência racional. Ser é *se saber* ser, é estar ciente de si mesmo. "Penso, logo existo" – afirma a máxima cartesiana. É essa consciência que qualifica o ser como entidade cognitiva ímpar. Coerentemente com a visão antropocêntrica, o ser humano passa a estar associado a uma identidade reflexiva única. Cada pessoa é distinta da outra: veicula-se a cultura da individualidade, em que o indivíduo é valorizado em função daquilo que possui de original. O indivíduo orgulha-se do poder humano de libertar-se dos condicionamentos divinos e de exercer plenamente sua autonomia – autonomia que, através do saber científico, coloca o próprio homem na condução do seu destino.

Nos dias atuais, vivemos ainda sob o império do individualismo. Porém, a crença no poder infinito do homem já não existe. Desde a virada do século XIX para o XX, o ser humano vem assistindo ao lento processo de fragilização da noção de que ele é o senhor de si mesmo e da história. Várias correntes de pensamento – que se corporificam em práticas sociais concretas – vieram desestabilizar o império do indivíduo. A ação do homem se vê condicionada por fatores socioeconômicos, como aponta o Marxismo; o homem está submetido a seu inconsciente, como sugere a Psicanálise; subjugado à linguagem, como indica a Lingüística; subordinado às determinações culturais, como ressalta a Antropologia. A idéia de que o homem poderia atingir um saber pleno sobre o universo e sobre si mesmo é substituída pela impressão de que a Verdade é sempre uma forma provisória de interpretação. O homem uno, indivisível, senhor de sua identidade, é substituído pelo homem múltiplo, fragmentado, que não sabe exatamente quem é.

A idéia de pessoa depende, portanto, de um imaginário social. Se cada sociedade veicula uma idéia diferente de pessoa, é de se esperar que tal diversidade se expresse nos textos que as sociedades produzem. Em função disso, encontramos, nos textos literários de cada época e cultura, variações nos modos de conceber e de articular os sujeitos ficcionais. Para distintas concepções de pessoa, encontramos distintas idéias a respeito do que é um autor, uma personagem, um narrador.

7. Máscaras em rotação

> Vivem em nós inúmeros;
> Se penso ou sinto, ignoro
> Quem é que pensa ou sente.
> Sou somente o lugar
> Onde se sente ou pensa.
>
> Tenho mais almas que uma.
> Há mais eus do que eu mesmo.
> Existo todavia
> Indiferente a todos.
> Faço-os calar: eu falo.
>
> Os impulsos cruzados
> Do que sinto ou não sinto
> Disputam em quem sou.
> Ignoro-os. Nada ditam
> A quem me sei: eu 'screvo.[11]

Esse poema de Ricardo Reis – heterônimo de Fernando Pessoa – expressa a complexidade da moderna reflexão sobre o sujeito. Trata-se de uma poética que põe em questão a pretensa unidade do sujeito. O questionamento dessa unidade acaba por desembocar na consciência ficcional do *eu*, consciência que pressupõe o sujeito como construção imaginária, como ficção. *Eu* é um fazedor de pose, lugar de processamento de sentido: "Sou somente o lugar / onde se sente ou pensa."

---

11. PESSOA, Fernando. *Obra poética*. 3ª ed. Rio de Janeiro: Nova Aguilar, 1972, p. 291.

O recurso encontrado por Fernando Pessoa para efetuar a crítica ao sujeito unívoco e autocentrado é a heteronímia – criação de máscaras ficcionais, jogo de *personas*, que encena a condição do sujeito. Fernando Pessoa não foi *um* poeta, mas *vários* poetas, todos reais e nenhum verdadeiramente existente, todos existentes e nenhum verdadeiramente real. Ele é um mestre bucólico (Alberto Caeiro), um neoclássico estóico (Ricardo Reis), um engenheiro doido, futurista (Álvaro de Campos), um ser nostálgico e saudoso da infância (Fernando Pessoa ele-mesmo). Enfim, uma série de criadores-criaturas ou criaturas-criadores de universos poéticos autônomos, constituindo uma espécie de constelação sem centro fixo ou definido. A todos, Fernando Pessoa deu uma biografia, um corpo, um destino. Mas o verdadeiro corpo de cada um é o corpo dos poemas.

A criação das *personas* constitui o drama – ou a comédia – de uma dispersão, de um perder-se em fragmentos que não remetem à idéia de plenitude. Através das máscaras é possível tensionar o Um, o Todo. A heteronímia enquanto prática poética sinaliza a ultrapassagem da idéia de totalidade e avança rumo à consciência do fingimento e da "atoria" – condição do sujeito-ator no palco da escrita.

Sob essa perspectiva, a própria ortonímia (Fernando Pessoa – ele-mesmo) revela-se uma simulação, máscara também, embuste. Não há qualquer possibilidade de se remeter a um rosto. A ficção pessoana é, portanto, um engenho que põe personagens em circulação, uma maquinaria produtora de simulacros. Pessoa torna-se ele próprio uma ficção; e, sobretudo, uma consciência crítica, reflexiva e metalingüística. Sua poesia questiona o sujeito e seu imaginário, através de um exercício extremamente lúcido sobre as falácias desse sujeito:

> É por ser mais poeta
> Que gente que sou louco?
> Ou é por ter completa
> A noção de ser pouco?[12]

Ou como afirma Álvaro de Campos:

> Eu tenho muitos corações.
> É um privilégio intelectual.
> (...)
> Eu que me agüente com os comigos de mim.[13]

8. Seres de papel

Pode-se definir personagem como um *ser de ficção*. Tal conceito, no entanto, é paradoxal, pois suscita as seguintes indagações: para que algo *seja*, não é necessário que efetivamente exista, em um plano não-ficcional? Como pode algo ficcional *ser*? O paradoxo está no cerne da própria definição de personagem. Ao surgir associada a um ser, a personagem pressupõe um conjunto de características compatíveis com o nosso modo de conceber os seres, pressupõe um reconhecimento que tem como referência o mundo à nossa volta. Quando imaginamos um ser, pensamos em algo que possua, por exemplo, certa

---

12. CAMPOS, Álvaro de. Transcrição, introdução, organização e notas de Teresa Rita Lopes. 2ª ed. Lisboa: Editorial Estampa, 1994, p. 93.
13. CAMPOS, Álvaro de. Transcrição, introdução, organização e notas de Teresa Rita Lopes. 2ª ed. Lisboa: Editorial Estampa, 1994, p. 52.

unidade (uma constelação dificilmente será classificada como um ser), certa *constância* (um gás em contínua expansão poderia ser considerado um ser?) e determinada *possibilidade de atuação* (não costumamos achar que uma mesa é um ser, exceto se atribuímos a ela características de outros seres que conhecemos – a capacidade de pensar ou de falar, por exemplo).

Porém, quando pensamos no caráter ficcional de uma personagem, saímos do reino das semelhanças e penetramos no das diferenças. A personagem não é completamente moldada por nossa concepção usual de ser. Ela pode introduzir variações nessa concepção, deformando-a, problematizando-a. A personagem pode vir à tona no momento em que se associam, às nossas idéias convencionais de ser, idéias imprevistas e surpreendentes. A personagem é o resultado de um processo no qual se imagina um ser que transita nas fronteiras do não-ser.

O equilíbrio entre esses dois vetores – o vetor reconhecimento e o vetor estranhamento, a semelhança e a diferença – é que determina a verossimilhança de um texto. Um texto verossímil não é necessariamente aquele que cria um mundo parecido com o real, mas o que desenvolve uma coerência própria, uma lógica específica, segundo a qual mesmo inferências a princípio absurdas – em relação a outras lógicas – fazem sentido para quem lê.

O que se constata, no desenvolvimento das formas narrativas em prosa, é que houve, a partir do século XVIII, uma transformação que substituiu os enredos complicados, povoados por personagens muito esquemáticas, recheados de ações mirabolantes, por enredos de pouca importância, em que a ação torna-se menos física e mais psicológica, e em que as personagens apresentam um maior grau de complexidade. Foi provavelmente tal transformação que levou ao surgimento da famosa classificação que distingue as personagens *planas* – que são tipos superficiais, quase caricaturas, marcados por traços fortes e invariáveis –, das personagens *esféricas* – aquelas que apresentam uma caracterização mais analítica, mais sofisticada, uma forma de atuação cheia de nuances e contradições.

Esse pensamento que contrapõe o *esférico* ao *plano* se assenta em uma outra dicotomia, a que distingue *profundidade* e *superficialidade*. A partir da segunda metade do século XIX, sobretudo com o desenvolvimento dos estudos de Psicologia e de Psicanálise, a idéia de que o homem possui uma mente extremamente complexa passa a influenciar a construção das personagens ficcionais. Baseando-se nas novas estratégias científicas, acreditava-se que seria possível um conhecimento pleno do ser humano. Tais estratégias seduzem também o artista, que passa a investigar formas narrativas capazes de traduzir a complexidade conflituosa e contraditória dos pensamentos, sensações e desejos de suas personagens.

Através de técnicas como o fluxo de consciência, a escrita automática surrealista, a percepção total dos cubistas, buscava-se uma espécie de "realismo do ser", em que a palavra *realismo* designa não mais a descrição objetiva de um universo externo ao sujeito, mas o esboço da maneira como esse universo se transforma em subjetividade. Podemos encontrar tal busca – que é movida por uma obsessão quase épica – em praticamente todos os grandes escritores modernos, como Marcel Proust, Thomas Mann, Virginia Woolf e James Joyce. Um bom exemplo é o monólogo da personagem Molly Bloom, última parte do *Ulisses* joyceano:

...e a noite que a gente perdeu o bote em Algeciras o vigia indo por ali sereno com a lanterna dele e oh aquela tremenda torrente profunda oh e o mar o mar carmesim às vezes como fogo e os poentes gloriosos e as figueiras nos jardins da Alameda sim e as ruazinhas esquisitas e casas rosas e azuis e amarelas e os rosais e os jasmins e gerânios e cactos e Gibraltar eu mocinha onde eu era uma Flor da montanha sim quando eu punha a rosa em minha cabeleira como as garotas andaluzas costumavam ou devo usar uma vermelha sim e como ele me beijou contra a muralha mourisca e eu pensei tão bem pedir de novo sim e então ele me pediu quereria eu sim dizer sim minha flor da montanha e primeiro eu pus os meus braços em torno dele sim e eu puxei ele pra baixo pra mim para ele poder sentir meus peitos todos perfume sim o coração dele batia como louco e sim eu disse sim eu quero Sins.[14]

A obra monumental desses e outros escritores demonstrou o fracasso da tentativa de usar a literatura como reprodução do espaço do ser, exatamente por deixar nítido que o ser não é uma substância, algo que possa ser apreendido na sua totalidade.

Constata-se, na literatura atual, que a idéia de *profundidade* das personagens perdeu a primazia. Sobretudo porque se reconhece que toda personagem está subordinada à voz do narrador, é uma miragem projetada pelo olhar daquele que narra. A literatura contemporânea tende a explorar o fato de que a personagem literária é um produto puramente verbal, um ser de papel a quem o narrador pode brincar de conceder autonomia. Nesse

---

14. JOYCE, James. *Ulisses*. Trad. Antônio Houaiss. Rio de Janeiro: Civilização Brasileira, 1966, p. 846.

sentido, toda personagem é plana, pois existe somente na superfície escorregadia e vacilante da linguagem.

No prólogo do livro *Confissões de Ralfo*, de Sérgio Sant'Anna, é possível observar a consciência que Ralfo, o narrador-protagonista, possui de sua condição ficcional:

> E parto, agora, de corpo e alma, a escrever minha história. Mais do que isso: passo a viver intencionalmente uma história que mereça ser escrita, ainda que incongruente, imaginária e até fantasista.
>
> Explico: insatisfeito com a minha história pessoal até então e também insatisfeito com o meu provável e mediano futuro, resolvi transformar-me em outro homem, tornar-me personagem. Alguém que, embora não desprezando as sortes e azares do acaso, escolhesse e se incorporasse a um destino imaginário, para então documentá-lo.[15]

9. Imagens do narrador

a. O narrador da tradição oral

Em seu famoso ensaio sobre o narrador, o filósofo Walter Benjamin, além de preocupar-se em refletir sobre a narrativa enquanto fonte de experiência transmitida oralmente, de geração a geração, analisa os indícios que culminam naquilo que chama de "morte da narrativa"[16]. Quais seriam as causas desse óbito? Uma hipótese inte-

---

15. SANT'ANNA, Sérgio. *Confissões de Ralfo*; uma biografia imaginária. Rio de Janeiro: Civilização Brasileira, 1975, p. 2.
16. BENJAMIN, Walter. *Magia e técnica, arte e política.* Trad. Sérgio Paulo Rouanet. São Paulo: Brasiliense, 1985. Obras escolhidas, vol. 1. O narrador. Considerações sobre a obra de Nikolai Leskov, p. 197-221.

ressante é a que se vincula essencialmente ao surgimento da grande imprensa, da qual o romance é o produto mais celebrado. Uma das características do romance é não estabelecer vínculos com a tradição oral, podendo dela prescindir.

Ao contrário do narrador benjaminiano, que transforma sua própria experiência em arsenal de histórias e nelas ressalta a dimensão utilitária e exemplar, o romancista escreve isoladamente, e não tem como objetivo relatar a sua experiência ou a de seu grupo social: ele não se propõe a dar conselhos, nem mesmo quer recebê-los. Sua narrativa capta a complexidade de uma vida e de um mundo que se apresenta cada vez mais múltiplo.

Ao tratar da morte da narrativa, o filósofo alemão remonta às representações arcaicas do narrador oral e da arte de narrar: o viajante e o camponês. Ambos narram a partir da experiência, ou seja, a partir da memória, considerada por Benjamin a mais épica de todas as faculdades.

O primeiro tipo de narrador, aquele que viaja e por isso tem muito o que contar, encontra seu modelo em Ulisses, personagem da epopéia do grego Homero. Ulisses relata aventuras vividas durante os dez anos em que se empenha no retorno à pátria, depois de ter conquistado, saqueado e destruído Tróia, massacrando ou vendendo como escravos seus habitantes. O herói da *Odisséia* é um homem de grande e variada experiência, um homem prático, cheio de malícia e habilidade[17].

O segundo tipo é o camponês sedentário, que, sem nunca sair de sua terra, organiza a experiência em for-

---

17. HOMERO. *Odisséia*. Trad. Carlos Alberto Nunes. São Paulo: Ediouro, s/d.

ma de relatos e a transmite para as gerações futuras, em uma espécie de cadeia narrativa que tem a tradição como uma de suas fontes mais significativas.

O saber dos camponeses e dos viajantes pode ser associado ao dos artesãos medievais, que, em suas oficinas, também criam narrativas. No ritmo dos teares e das forjas, a experiência do viajante – conquistada em terras distantes – junta-se ao saber oriundo do passado, da tradição, recolhido pelo trabalhador sedentário. É importante observar que esses relatos que florescem em um meio de artesãos constituem eles próprios uma forma artesanal de comunicação. Na base do olhar benjaminiano sobre a narrativa de tradição oral, é possível perceber uma nostalgia: o desejo de recuperar o contato com um mundo primitivo, ainda não regulado pela lógica da produção capitalista.

Parte da literatura do século XIX apresenta o caráter de exemplaridade inspirado no modelo das narrativas orais, como ocorre no conto "Dama pé-de-cabra", de Alexandre Herculano:

> Vós os que não credes em bruxas, nem em almas penadas, nem em tropelias de Satanás, assentai-vos aqui ao lar, bem juntos ao pé de mim, e contar-vos-ei a história de D. Diogo Lopes, senhor de Biscaia.
>
> E não me digam no fim: "Não pode ser." Pois eu sei cá inventar coisas destas? Se a conto, é porque a li num livro muito velho. E o autor do livro velho leu-a algures ou ouviu-a contar, que é o mesmo, a algum jogral em seus cantares.
>
> É uma tradição veneranda; e quem descrê das tradições lá irá para onde o pague.

> Juro-vos que, se me negais esta certíssima história, sois dez vezes mais descridos do que S. Tomé antes de ser grande santo. E não sei se eu estarei de ânimo de perdoar-vos como Cristo lhe perdoou.
> Silêncio profundíssimo; porque vou principiar.[18]

b. O narrador-editor

A figura do narrador-editor, muito utilizada pela literatura romântica, liga-se a uma determinada função narrativa: a que se refere à problematização da produção ficcional e de seu correlato, a leitura.

Um dos papéis do editor é ser o responsável pela organização de um certo conjunto de textos. Normalmente, o editor expõe as razões da publicação desse material em um prólogo, que funciona, então, como instrumento de persuasão, à medida que pretende estabelecer com o leitor um jogo de verossimilhança. Muitas vezes o editor declara reproduzir escrupulosamente um manuscrito encontrado em algum recanto perdido ou recebido em confiança. Também é comum o editor recolher um relato oral, salvando-o, dessa forma, do esquecimento.

O escritor português Camilo Castelo Branco é um mestre nesses artifícios. Nas suas *Memórias de Guilherme do Amaral,* por exemplo, o editor é o responsável pela publicação de um manuscrito que lhe chega às mãos após a morte daquele que o escrevera. É através da intermediação do editor que o leitor tem acesso ao texto. Descrevendo e organizando o material fornecido por Ernesto Pinheiro, que o recebera do Barão de Amares, que

---

18. HERCULANO, Alexandre. *Lendas e narrativas.* vol. II. Lisboa: Europa-América, s/d, p. 15.

por sua vez o encontrara entre os pertences do falecido Guilherme do Amaral, o narrador-editor escreve também a história intermitente de seu próprio romance.

O livro, constituído pelas memórias propriamente ditas e por diversos documentos, sofre a interferência do narrador-editor, na forma de comentários freqüentes. Tem-se assim produzida, por uma voz independente do enredo, uma reflexão que pode constituir uma outra história, alternativa à de Guilherme do Amaral: aquela que se interroga sobre a escrita e sobre o lugar do sujeito na escrita. Essa interrogação se dá através de determinados sujeitos que aparecem na narrativa mas não pertencem ao universo das memórias escritas por Guilherme do Amaral. No entanto, o texto que as constitui só começa depois do surgimento desses sujeitos na narrativa, criando-se uma zona ambígua, na qual uma história existe e nela atuam personagens que, pertencendo ao romance, não pertencem ao texto das memórias referidas pelo título.

Assim sendo, é possível dizer que o próprio texto explicita uma forma de consciência sobre o que é a narrativa, jogando com as fronteiras entre enredo e romance, propondo contigüidades inesperadas entre ambos, mostrando que, se qualquer texto comporta "excedências" relativamente à sua própria história, há textos para os quais a organização dessas excedências pode gerar, também, matéria romanesca.

Atente-se para o capítulo introdutório de *Memórias de Guilherme do Amaral*, formado por dois fragmentos textuais: o primeiro, escrito por Guilherme do Amaral, e o segundo – uma carta anônima – que se sabe, depois, ser de Virgínia. A seqüência entre ambos os fragmentos é criada pelo narrador-editor, que usa o nome de Camilo Castelo Branco, e que escreve, em itálico, um comentário associando os dois textos.

A função de regência e de intermediação que compete ao narrador permite, nesse caso, que o editor selecione ou mesmo censure determinados trechos:

> Neste ponto das *Memórias* encontro um voluminho em capa de *chagrin* escuro, com duas iniciais, abertas num círculo de grinalda: V. F. São poesias. Trasladei algumas, que vêm a ponto no sentido deste livro. Outras, de mais vago devaneio, poderiam prejudicar a fugacidade e clareza que este gênero de escritura requer.[19]

Não obstante esse tipo de narrador ser comumente encontrado na ficção romântica, há ainda hoje textos que se utilizam de procedimentos idênticos. Nessas obras, o narrador modaliza o seu próprio texto, através de comentários. Ele se refere à história como a uma representação, em que fazer literatura e pôr em questão esse fazer são um só ato. Há, sobretudo, a necessidade de problematizar, em uma história que se conta, a ação de narrar e o sujeito narrador. Tal problematização desvenda a consciência do fazer literário como jogo, e expõe a atitude crítica que o narrador assume em relação a si próprio e àquilo que cria.

c. O narrador pesquisador-detetive

Há um tipo de narrativa – como é o caso de *Aqueles cães malditos de Arquelau*, de Isaías Pessotti – que apre-

---

19. CASTELO BRANCO, Camilo. *Memórias de Guilherme do Amaral*. Lisboa: Parceria A. M. Pereira, 1966, p. 127.

senta o narrador como um detetive que recolhe pistas a fim de desvendar mistérios. Semelhante a um profeta de olhos voltados para o passado, ele busca decifrar as motivações de determinado acontecimento.

A figura do detetive aparece normalmente associada à razão – uma razão que se pretende indubitável e todo-poderosa. Contudo, apesar de estar freqüentemente ligado à idéia de raciocínio calculista, o detetive não é apenas um frio herói racional. Ele tem uma paixão – a de conhecer.

Nessas narrativas, a figura do detetive confunde-se com a do pesquisador. Para ambos, a leitura de pistas é um método de decifração. O enigma é um estímulo ao exercício da argúcia e da inteligência. Esse narrador, ao mesmo tempo pesquisador e detetive, transforma-se, então, em um leitor infatigável. Para o detetive, o crime é uma charada que é imprescindível decifrar. Da decifração resulta a alegria da descoberta de uma pretensa verdade, o alívio em saber como as coisas "realmente" aconteceram. Significativamente, essa verdade nunca é posta em causa: ela é um valor absoluto. O pesquisador, mais do que um mero detector da "verdade", é também jogador, inventor de uma série de possibilidades que podem vir a ser verdadeiras. De modo coincidente, detetive e pesquisador buscam, a cada passo, confirmar sua teoria.

Em *Aqueles cães malditos de Arquelau*, a trama gira em torno de cinco pesquisadores do Instituto Galilei, sediado em Milão, que casualmente encontram, em uma *villa* abandonada, o fragmento de um velho manuscrito de Virgílio. O manuscrito é somente a ponta de um *iceberg*, o pretexto que faz surgir o enigma. Há um crime que foi cometido em um passado remoto. Esse passado emerge pedaço a pedaço dos porões a que havia sido relegado e vai sendo reconstituído como se fosse um quebra-cabeça.

Se há versões diferentes da História, a tarefa do pesquisador-detetive é ir eliminando hipóteses até lograr construir uma versão convincente. O projeto do narrador torna-se, então, explícito: preencher as lacunas da História. Se a História é feita de pontos obscuros, através da investigação criteriosa seria possível iluminá-los. Para efetuar essa reconstrução, busca-se refazer uma certa trajetória. O caminho para decifrar o enigma é seguir as pistas que vão sendo fornecidas ao longo do relato.

Na narrativa de Pessotti, a pista mais eloqüente é um fragmento do poeta Virgílio, encontrado em um ninho de ratos no velho casarão medieval. É esse fragmento que desencadeia o processo investigativo. Com o objetivo de levar a bom termo a investigação, lança-se mão de todos os ramos do conhecimento disponíveis. As personagens são especialistas, seja em história da arquitetura, seja em história do teatro grego, ou ainda em história da loucura. Há uma cumplicidade entre os saberes, que se complementam. A solução do enigma acontece graças a essa aliança, que sinaliza a vitória do trabalho em equipe. Equipe de "sábios", que vêem a ciência como um sol radiante que há de penetrar as trevas da ignorância e apontar a desordem do mundo, organizando-a. Para eles, não faz sentido a afirmativa de Walter Benjamin – "procurar em vão é tão importante quanto ter a sorte de encontrar"[20].

---

20. Apud MATOS, Olgária C. F. *O Iluminismo visionário: Benjamin, leitor de Descartes e Kant*. São Paulo: Brasiliense, 1993, p. 83.

Se há detetives que conseguem solucionar as situações enigmáticas propostas, eles não são, no entanto, regra geral. Como se pode constatar na obra de escritores como o norte-americano Paul Auster e o argentino Ricardo Piglia, há uma forte corrente que, na literatura contemporânea, delineia a figura do investigador segundo uma ótica bastante distinta. Nesse outro tipo de narrativa, toda busca está, de antemão, condenada ao malogro. Essas narrativas tratam de detetives que privilegiam a procura, o processo da busca em si. Emblema do fracasso do detetive que efetua decifrações, a própria narrativa é o enigma: não há certezas, tampouco verdades. Tudo é fugidio, precário.

d. O narrador-copista

A literatura contemporânea coloca em circulação a figura do narrador-copista. O copista, remontando à tradição medieval dos *scriptoria* – na qual o escriba experimenta e expande os limites de algo já feito –, exerce a função de tornar sua uma outra escrita.

O copista é aquele que lê e escreve ao mesmo tempo. Contudo, ele não é um simples glosador de textos alheios, porquanto faz uso da reelaboração incessante do material sedimentado pela tradição. Quando esse leitor privilegiado acrescenta o seu discurso a um discurso alheio, ambos são inevitavelmente modificados.

Esse narrador/leitor – que é sempre um leitor em diferença – usa um recurso literário que lhe permite "repetir" transformando e acrescentando. Tal recurso é o pastiche, que age segundo um duplo movimento: o de construir/desconstruir. Funcionando como uma espécie de máquina de emaranhar imagens, o texto-pastiche se apresenta enquanto engrenagem que urde uma trama de textos e de leituras. É como se o copista se apoderasse da memória alheia e, em uma espécie de reverência ritual, a suplementasse, preservando-a e, paradoxalmente, tornando-a outra.

Um bom exemplo de texto-pastiche é *O ano da morte de Ricardo Reis*, narrativa de José Saramago. O narrador – voraz leitor e copista – propõe um Ricardo Reis algo diferente da máscara heteronímica criada por Fernando Pessoa:

> Mestre, são plácidas todas as horas que nós perdemos, se no perdê-las, qual numa jarra, nós pomos flores, e seguindo concluía, Da vida iremos tranqüilos, tendo nem o remorso de ter vivido. Não é assim, de enfiada, que estão escritos, cada linha leva seu verso obediente, mas desta maneira, contínuos, eles e nós, sem outra pausa que a da respiração e do canto, é que os lemos, e a folha mais recente de todas tem a data de treze de novembro de mil novecentos e trinta e cinco, passou mês e meio sobre tê-la escrito, ainda folha de pouco tempo, e diz...[21]

Ocorre, aqui, um processo de mão dupla que, por um lado, desconstrói a tradição – porque o Reis de Saramago é uma voz em diferença, que não repete o Reis de Pessoa. Por outro lado, reforça a tradição – porque o copista reverencia a filiação literária ao reler Fernando Pessoa.

O jogo encenado pelo copista deixa entrever uma rede de histórias, infinitamente ramificada – um labirinto de leituras, de leitores, de ficções. O narrador distrai o lei-

---

21. SARAMAGO, José. *O ano da morte de Ricardo Reis*. São Paulo: Companhia das Letras, 1988, p. 23.

tor, faz duplicações de obras alheias e potencializa o movimento de leitura/escrita, gerando novas leituras e escritas. Os textos se cruzam, se interpenetram, em um jogo de espelhos.

Há um entrelaçamento do par escrever/ler, ou seja, a leitura torna-se uma forma de escrita e vice-versa. O copista realiza um passeio pela memória cultural e, através do intercâmbio de textos, aponta para a leitura interminável. É no jogo de ler/reler/escrever/reescrever, acoplado ao jogo de esquecer/lembrar, que a escrita do narrador-copista se faz.

Capítulo 2   **Narrar o tempo**

Sentidos do tempo

1. Tempo, palavra e repetição

De algum recanto obscuro da memória, ecoam as seguintes palavras:

> O tempo perguntou ao tempo
> quanto tempo que o tempo tem.
> O tempo respondeu ao tempo
> que o tempo que o tempo tem
> é o tempo que o tempo tem.

É impossível determinar, de maneira exata, a origem dessa brincadeira de infância, por se tratar de um artefato tipicamente oral, jogo de palavras antigo, transmitido de geração para geração. Também é impossível afirmar que essa é a versão original ou a mais difundida. Como ocorre com todo texto oral, existem variações que vão surgindo à medida que certos detalhes são acrescentados ou suprimidos pelos falantes. Há, por exemplo, uma versão na qual a resposta final do tempo é: "O tempo respondeu ao tempo / que o tempo tem muito tempo."

O que mais se destaca nessa e em outras brincadeiras orais é a repetição de vocábulos. Não é novidade que, de um modo geral, as crianças – e também muitos adultos – se deliciam com a sonoridade das palavras, a maneira como os sons podem formar cadeias melódicas e rítmicas. A repetição exaustiva torna possível a abstração dos significados, realçando a pura sonoridade. Ao se enfatizar o caráter propriamente *musical* das palavras, enfatiza-se a íntima relação entre palavra e tempo. Chama-se atenção para a existência de uma temporalidade inerente ao universo verbal.

A repetição também atua como forma privilegiada de preservar, do esquecimento, o próprio jogo verbal, já que a dimensão oral das palavras faz com que a memória seja seu veículo exclusivo de transmissão. A repetição funciona, assim, como agente de *conservação* das palavras, contrapondo-se ao fator *esquecimento*, associado à passagem do tempo. Haveria, portanto, uma relação entre tempo, oralidade e repetição?

Nas culturas ditas primitivas – culturas que não fazem uso de nenhum tipo de linguagem escrita –, a percepção do tempo não é como a nossa. Nossa tendência é pensar que o tempo é um processo irreversível que aponta, como uma seta, para um futuro desconhecido. Nas culturas primitivas, concebe-se o tempo como um processo circular: o futuro é, de algum modo, uma volta do passado. Na base dessa concepção, que toma a recorrência das mensagens orais como suporte privilegiado da memória, está a crença de que só existe aquilo que pode retornar, já que qualquer informação que não seja periodicamente repetida está condenada a desaparecer. O conceito de tempo, a sensação de que o tempo *passa*, supõe um movimento incessante de recomeço, de reiteração.

O que se evidencia, portanto, é que o tempo – ou a maneira como o sentimos ou lhe atribuímos significações – não é um conceito invariável e uno. Também não é um conceito que pode ser definido com facilidade e aceito de forma consensual. Apesar de podermos, intuitivamente, julgar saber *o que é* o tempo, temos dificuldade de *expressar* esse saber. Talvez seja exatamente tal dificuldade o que nos fascina tanto e nos leva a tomar o tempo como objeto de especulação. Mesmo que seja através de um jogo de palavras infantil.

Na aparente banalidade desse jogo, é possível rastrear algumas indagações de considerável complexidade. Quando se diz "O tempo perguntou ao tempo", não é curiosa essa pressuposição de um *desdobramento* do tempo? Há *um tempo* que pergunta e *um outro tempo* que responde: trata-se do mesmo tempo agindo auto-reflexivamente ou de tempos distintos? Existe um único tempo, ou o tempo é divisível?

Quando se indaga a respeito do "tempo que o tempo tem", não se atribui um duplo estatuto ao tempo? Tempo como sujeito (tempo que *tem* tempo) e tempo como objeto (tempo que *é tido* pelo tempo)? O tempo é, em si, um conteúdo, ou, contrariamente, é um mero espaço continente? O tempo é um ser autônomo ou um processo?

A resposta do tempo, afirmando que "o tempo que o tempo tem / é o tempo que o tempo tem", é tautológica, ou seja, apenas repete os termos da pergunta. No entanto, é possível vislumbrar, nessa tautologia, uma dúvida relativa à forma de existência do tempo. O tempo existe por si mesmo (é a sua passagem que o constitui) ou o tempo só existe através de outras referências (só existe à medida que ocorre algum evento)?

É provável que a criança, ao brincar com esse jogo sobre o tempo, não tenha consciência plena de tantas indagações. Mas é inegável que, de algum modo, elas estão lá, circulando através da irresistível repetição dos sons. Como um convite para que as desenvolvamos.

2. O tempo da leitura

Nenhuma linguagem – seja ela científica, musical, fotográfica, poética, jornalística, cinematográfica, etc. – tem o poder de *reproduzir* o real em toda a sua complexidade. Toda linguagem *interpreta* o real de um determinado modo. Mas há linguagens que desejam atingir esse poder reprodutivo e outras que partem do princípio de que tal desejo é impossível. Podemos incluir a linguagem artística no segundo grupo. A arte tende a deixar exposto seu caráter interpretativo, relativizador (é por isso que, geralmente, associamos arte e subjetividade). A arte é um sistema exibicionista, que lança luz sobre si mesmo, sobre sua própria forma de construção. Desse modo, a arte tende a requerer do receptor uma atitude ativa de interrogação – uma atitude *interpretativa*. Assim como só se é exibicionista *no momento* da exibição, toda forma artística só se constitui *no momento* de contato com o receptor, na *atualidade* da leitura. Toda arte só existe, assim, *em ato*. É somente a partir do *presente* no qual se tocam o estímulo sígnico – o objeto artístico que se oferece à contemplação – e o leitor – aquele que instaura o jogo de absorver e atribuir significações – que se pode falar em acontecimento estético. O *tempo da leitura*, esse tempo que proporciona à obra o caráter de *ato*, de *atualidade*, é o tempo constitutivo de qualquer expressão artística.

3. Artes espaciais e temporais

Há uma classificação tradicional que sugere que as artes podem ser divididas em dois grandes grupos. Existiriam as *artes temporais*, como a música e a literatura, e as *artes espaciais*, como a pintura e a escultura. No primeiro grupo, as obras são constituídas por uma *sucessão* de elementos – sons e palavras – que se articulam entre si. A obra só se realiza à medida que *transcorre*. No segundo grupo, os elementos – formas, cores, volumes – se apresentam *simultaneamente*. A obra se mostra na sua *totalidade*, ocupando um espaço delimitado. As artes temporais seriam fundamentalmente dinâmicas, enquanto as artes espaciais, primordialmente estáticas. Os limites de tal divisão se romperiam somente no caso de artes híbridas, como o cinema, o teatro e a dança, que utilizam elementos dos dois grupos.

Essa classificação, no entanto, não leva em conta a inevitável existência de um *tempo de leitura*. Um quadro, por exemplo, jamais é apreendido *instantaneamente*. Quando se observa uma imagem, há uma intensa atividade do olhar. Ler a imagem é também uma operação de *associação* dos vários elementos que a compõem – associação que ocorre através de uma *sucessão* de momentos perceptivos.

Por outro lado, um texto literário narrativo é, na verdade, um conjunto de quadros verbais, uma seqüência de descrições. Além disso, a espacialidade da página é uma característica fundamental da literatura, permitindo ao leitor idas e vindas. No caso de um texto poético, a importância do espaço é ainda mais óbvia, já que a disposição e mesmo a forma visual das palavras são recursos expressivos freqüentemente explorados.

Talvez seja interessante pensar, então, em uma coexistência de espacialidade e temporalidade, de estático e dinâmico, corte e fluxo, simultaneidade e sucessão. Coexistência que deixa revelar, em obras *específicas*, o predomínio de um dos seus pólos.

4. Tempos verbais

Aprendemos que existem três tempos verbais no plano dos enunciados: presente, pretérito e futuro. O que não costumamos aprender, pelo menos de maneira explícita, é que esses tempos não são autônomos, mas têm como referência básica o tempo da enunciação. Se digo, por exemplo: "Daqui a dois dias, meu amigo Hans Castorp chegará de viagem", não há dúvida de que o tempo do enunciado – que diz respeito àquilo que foi dito – é o futuro. Mas qual é o tempo da enunciação – do ato de dizer, da ação de produzir o enunciado? É o presente, este momento presente em que afirmo que "daqui a dois dias, meu amigo Hans Castorp chegará de viagem". O tempo da ação de Hans Castorp é o futuro. Mas o tempo no qual falo sobre a chegada de Hans é o presente.

O que importa ressaltar é que o tempo da enunciação é sempre o presente pelo fato de só se constituir, no caso da língua oral, no *presente da fala*, e, no caso da escrita, no *presente da leitura*. O tempo que se desloca é, a partir do presente da enunciação, o tempo dos enunciados (pode ser que Hans Castorp já tenha chegado, esteja chegando ou ainda vá chegar, mas sua chegada sempre se dá em relação ao momento presente no qual a enuncio).

O presente da enunciação, no entanto, só corresponde ao tempo real do leitor no caso da fala. Na escrita, mesmo quando o texto é lido imediatamente após sua produção, há uma inevitável defasagem temporal. Apesar de minha voz sempre soar como uma voz que fala *no presente*, sempre escrevo de um passado em relação a quem me lê. Se, neste momento no qual meu texto é lido, já se tiverem passado dois dias do momento em que escrevo, poderei cumprimentar, então, meu amigo Hans Castorp, que já terá finalmente chegado de sua viagem.

Talvez resida aí um dos fascínios da linguagem escrita (fascínio que é explorado especialmente em textos literários): apesar de haver a consciência de uma defasagem de tempo entre quem escreve e quem lê, a enunciação, sempre no presente, pode gerar o efeito de suspensão dessa defasagem, permitindo um diálogo cujas vozes soam na intensidade de suas presenças.

5. O tempo ficcional

Se é verdade que a música e a narrativa literária se assemelham por serem constituídas de signos que *transcorrem*, que exigem um *intervalo temporal* para se articularem, é preciso ressaltar as diferenças entre essas duas formas artísticas. No romance *A montanha mágica*, de Thomas Mann, encontramos a seguinte reflexão:

Mas é igualmente óbvio que há uma diferença entre a narrativa e a música. Nesta, o elemento do tempo é um só: um setor do tempo humano e terrestre que ela inunda para exaltá-lo e enobrecê-lo de um modo indizível. A narrativa, porém, tem dois tipos de tempo: em primeiro lugar, o seu tempo próprio, o tempo efetivo, igual ao da música, o tempo que lhe determina o curso e a existência; e em segundo, o tempo do seu conteúdo, que é apresentado sob uma perspectiva, e isso de forma tão variável que o tempo imaginário da narração tanto pode coincidir quase por completo, e mesmo inteiramente, com seu tempo musical, como diferir dele infinitamente. Uma peça de música, denominada "Valsa dos Cinco Minutos", dura cinco minutos; nisso, e em nada mais, consiste a sua relação com o tempo. Uma história, entretanto, cujo conteúdo abrangesse um lapso de cinco minutos poderia ter a duração mil vezes maior, devido à meticulosidade extremada empregada na descrição desses cinco minutos, e todavia parecer bem curta, embora fosse muito comprida em proporção a seu tempo imaginário.[1]

No caso das narrativas literárias, existem, portanto, duas formas básicas de se lidar com a temporalidade. Há o tempo constitutivo da obra, elemento que traduz a sua duração, o seu desenvolvimento – intervalo necessário para que o discurso se articule. Esse tempo não pode ser totalmente previsto pelo escritor, já que é determinado pelo *tempo de leitura* (uma narrativa que se pretende rápida pode ser, por exemplo, lida de maneira lenta por um leitor moroso). Há, no entanto, *efeitos* que podem ser *sugeridos* por certos recursos de linguagem (como a pon-

---

1. MANN, Thomas. *A montanha mágica*. Trad. Hebert Caro. Porto Alegre: Globo, 1952, pp. 557-8.

tuação, a escolha de orações curtas ou longas, a repetição de palavras). Tais efeitos – que podemos chamar de *musicais* – atuam sobretudo no modo como o leitor tende a sentir o *andamento*, o *ritmo* e a *duração* do texto: lentidão ou rapidez, suavidade ou turbulência, alongamento ou contração dos movimentos narrativos.

A segunda forma de se lidar com a temporalidade nos textos literários narrativos é a criação de um *tempo ficcional*. O tempo ficcional não ocorre no âmbito do discurso, mas no plano daquilo que é narrado, ou seja, na *história* propriamente dita. Esse tempo é, na verdade, a atribuição de uma dimensão temporal aos eventos relatados, por meio de palavras ou expressões que recorrem, geralmente, ao calendário e ao relógio, tais como: "em 1930", "às oito horas da manhã", "naquele inverno", "durante quarenta minutos".

À própria enunciação pode ser atribuída uma "localização" temporal. Assim, a frase "Daqui a dois dias, meu amigo Hans Castorp chegará de viagem" pode aparecer, no contexto de um relato ficcional, mencionada em uma carta que se afirma estar sendo lida, por exemplo, no mês de abril de 1924. O tempo da enunciação (o tempo em que afirmo que "daqui a dois dias...") continua sendo o presente, mas posso sugerir ao leitor a convenção de que esse presente está subordinado a uma outra temporalidade (ocorre, na verdade – ou melhor, *na ficção* –, em 1924).

Através de pactos propostos ao leitor, o tempo ficcional pode ser constituído como um tempo pluridimensional. Em um mesmo texto, é possível construir e desenvolver vários *planos temporais*. A carta, lida em 1924, pode ter sido escrita em 1914, dez anos antes, portanto (e o texto pode explorar as circunstâncias nas quais foi escrita). Nessa carta, são relatados fatos ocorridos em um período anterior – de 1895 a 1903: fatos da infância do nosso amigo Hans Castorp – e, em seguida, eventos ocorridos posteriormente, em um importante verão de 1910. Como se vê, aquele que narra tem o poder de se deslocar livremente, a partir de visões retrospectivas, prospectivas ou simultâneas (para obter o efeito de simultaneidade, basta usar recursos bem simples, como a expressão "Enquanto isso..."). Através de diferentes arranjos entre planos temporais distintos, é possível propor múltiplas formas de *ordenar* os eventos narrados.

6. Representações objetivas e subjetivas do tempo

Costumamos pensar o tempo segundo duas perspectivas. Uma perspectiva objetiva que associa, ao tempo, aspectos cosmológicos, físicos (o tempo como parâmetro dos movimentos descritos pelos astros celestes ou como medida do envelhecimento dos seres). E uma outra perspectiva que sugere que há, sempre, uma *percepção*, uma *consciência* do tempo – perspectiva que torna possível se falar de tempo psicológico, subjetivo, ou de tempo imaginário. O mais curioso é que os dois enfoques são indissociáveis: a percepção do tempo, independentemente do grau de liberdade imaginativa, só pode ocorrer *a partir* de um tempo que efetivamente transcorre, que deixa marcas concretas na realidade física. Já o tempo físico só adquire alguma significação (como a significação, comumente difundida, de que o tempo é uma lei universal, sendo necessariamente irreversível, uno, linear, contínuo e mensurável) *a partir* de alguma consciência (mais ou menos intuitiva, mais ou menos formalizada) que se projeta sobre ele.

O que as formas narrativas literárias costumam fazer é explorar essa tensão entre objetividade e subjetividade do tempo. A literatura pode partir do princípio de que tais perspectivas são *representações* do tempo, ou seja, ambas são modelos de percepção e, simultaneamente, ambas remetem, de algum modo, para um universo exterior à percepção. Ambas são interpretação e referência.

Por ser, em relação aos vários aspectos do real, concomitantemente uma forma de referência e de interpretação, a literatura jamais fala de um tempo puramente individual. Os modos possíveis de se referir ao real e de interpretá-lo são sempre determinados culturalmente – esse fator é o que garante que os textos possam ser compreendidos. O tempo que emerge da literatura – por mais fantasioso, absurdo e delirante que possa parecer – é um *tempo social*, a expressão de um modo de atribuição coletiva de sentidos para o tempo.

7. Tempo narrativo e tempo poético

A narrativa mantém um vínculo com o tempo enquanto dimensão externa à linguagem. Toda narrativa tende a *representar*, de algum modo, o tempo – ou seja, elege o tempo como um elemento fundamental para situar e identificar aquilo que se narra (toda narrativa cria tempos ficcionais). Isso não ocorre com a poesia. O texto poético tende a explorar sobretudo o tempo da própria linguagem, ou seja, o tempo exclusivamente sensível, musical, das palavras. No texto narrativo, esse tempo também ocorre, mas está subordinado a um propósito de reconhecimento de tempos ficcionalizados. Na poesia, tal propósito não existe: o tempo não é *representado*, mas *vivido*. O que importa não é *abordar* o tempo, mas *experimentá-lo*; não é *reconhecer* o tempo, mas *mergulhar* nele.

8. Contratempos

Narro para intensificar a sensação de pertencer a um tempo. E para produzir a ilusão de que posso evitar minha transitoriedade.

Leituras do tempo

1. Imagens do tempo

Para os gregos, o tempo é o deus Cronos, filho do Céu e da Terra. Com uma foice que lhe fora dada pela mãe, decepa os testículos do pai e os atira ao mar. Em seguida, expulsa-o do Olimpo e ocupa o seu lugar. Cronos desposa sua própria irmã. Advertido pelos oráculos de que seria destronado por um de seus filhos, passa a devorá-los à medida que nascem. Truculento, usurpador e incestuoso, o tempo, conforme figurado pelo pensamento mítico grego, é agente de destruição e ruína. A representação alegórica mais freqüente do tempo é Saturno, simultaneamente emblema do efêmero e da melancolia.

No mundo latino, o tempo é representado de forma menos agônica, assumindo a aparência de um velho descarnado, de barba e cabelos brancos, grandes asas nas costas e, nas mãos, uma foice e uma ampulheta. Contudo, também vincula-se à morte e à destruição. Os signos utilizados confirmam isso: as asas – por intermédio das quais o tempo escoa, carregando assim a vida humana –; a foice – instrumento cortante usado para ceifar as vidas –; e a ampulheta – destinada a marcar a fugacidade da existência de seres e coisas.

No mundo greco-latino, o círculo constitui o modelo da temporalidade. Circular, o tempo é algo de inexorável, do qual não é possível fugir – sempre retorna, gerando a eterna repetição.

2. História do tempo

A concepção mítica do tempo, já questionada pelo tempo cristão – cuja imagem é a linha reta, sucessão de instantes únicos –, é colocada em xeque por uma reflexão sistemática sobre a sucessão dos anos, dos dias, das horas, a qual envolve, para o homem, as noções de presente, passado e futuro. Para isso foi essencial a contribuição da Renascença, quando se apontou o profundo descompasso que divide o homem entre o tempo linear da História e o tempo cíclico do mito e da natureza. Nesse período, há um privilégio das investigações sobre o tempo e um empenho por parte de técnicos e engenheiros em encontrar os meios de capturá-lo e medi-lo de forma mais científica.

O relógio, mecanismo cósmico em miniatura, é uma invenção renascentista. Tal maquinaria usa duas forças que atuam no espaço – a gravidade e a rotação – para capturar o tempo nas suas engrenagens, registrá-lo em quantidades mensuráveis. O relógio individualiza e domestica o tempo. Ao contrário da ampulheta e da clepsidra – regidas pelo ritmo da areia e da água, associadas à passagem não-divisível do tempo – o relógio fraciona e conta o tempo, regulando-o. Esse tempo "contado" representa um fluxo objetivo, contínuo, uniforme.

Com o advento da Modernidade, o tempo passa a ser pensado como um encadeamento coerente de fatos. Trata-se de uma concepção que, além de privilegiar a sucessão cronológica, ressalta a idéia de marcha contínua e automática da humanidade em direção ao progresso. Essa trajetória é indissociável de uma utopia desenvolvimentista que vê, na industrialização e nas conquistas tecnológicas e materiais, possibilidades inesgotáveis para a solução de conflitos e a emergência de uma nova civilização.

A visão contemporânea rejeita a concepção do tempo como linearidade homogênea e vazia. Estabelece-se uma outra forma de percebê-lo. Trata-se de conceber o instante enquanto realidade intangível, povoado de agoras em permanente fluir. Nessa perspectiva, o tempo é visto como uma dimensão em que ritmo e acaso se cruzam, se interligam e se tensionam. Velocidade e inércia, aceleração e quietude compõem a natureza paradoxal desse tempo: não possuindo ordenamento ou lei presumível, a idéia de princípio ou fim definíveis e hierarquizáveis deixa de fazer sentido. Pleno de ambigüidades e enigmas, é impossível dominá-lo através de qualquer racionalidade ou sistematização.

3. Tempo e memória

Se há narrativas que pretendem mimetizar o ritmo do calendário, do relógio, reproduzindo a alternância dia-noite, há outras em que o tempo é filtrado pelas vivências subjetivas da personagem e do narrador, erigidas em fator de transformação e redimensionamento da rigidez temporal da história. Trata-se do chamado tempo psicológico, que, configurado pelas sensações e impressões do sujeito, opera uma ruptura na sucessão cronológica. É um tempo marcado por experiências individuais, diretamente relacionado com o fluxo de consciência dos sujeitos ficcionais, imune à regularidade geométrica do tempo histórico; é, ainda, um tempo da memória, porque obediente a associações mentais que escoam incessantemente e assinalam a transformação e o desgaste que sobre o sujeito provocam a passagem do tempo histórico e as experiências vividas.

Uma das formulações mais eficazes na tentativa de se pensar o tempo psicológico é a *durée* – duração. O conceito, forjado pelo filósofo Henri Bergson, exprime as mudanças qualitativas dos estados de consciência, os quais se fundem sem contornos precisos e sem possibilidades de medição[2]. Esse conceito é fundamental para a leitura dos sete monumentais volumes de *Em busca do tempo perdido*, de Marcel Proust, obra na qual a relação do narrador com o tempo se processa através de um mergulho no passado[3]. A recordação do passado vai ajudar a compreender personagens e fatos que, uma vez ressus-

---

2. BERGSON, Henri. *Matéria e memória*. Trad. Paulo Neves da Silva. São Paulo: Martins Fontes, 1990.
3. PROUST, Marcel. *Em busca do tempo perdido*. 7ª ed. Porto Alegre: Globo, 1981 (7 vol.).

citados, vivos, presentificados pela evocação, revitalizam o tempo. Revitalizar o tempo, reencontrá-lo, é, portanto, conhecer de novo o passado, dada a precariedade do presente. E como se dá a presentificação, como advém o reconhecimento daquilo que já passou? Através do recurso à memória involuntária, cujo processo detonador é o gesto de mergulhar a *madeleine* – uma iguaria culinária tipicamente francesa – no chá de tília. Pequenos gestos como esse são emblemáticos à medida que formam uma cadeia de símbolos capaz de contribuir para o conhecimento do passado.

Para o Marcel Proust de *Em busca do tempo perdido*, a recordação involuntária é um dos meios mais poderosos de conhecimento. Através de procedimentos narrativos em que se destacam o monólogo interior e o fluxo de consciência, o discurso proustiano tende a refletir uma temporalidade difusa, sem fronteiras nem balizas, experiência de um tempo relativizado em função da consciência singular de quem o vive.

4. Acronias

Em que tempo se situa alguém que narra, postumamente, suas próprias memórias? É certo que todo memorialismo pressupõe a posterioridade do tempo da narração em relação ao tempo dos fatos narrados. No entanto, como é possível uma memória cujo grau de posterioridade atravessa a linha da existência? Se a memória é uma forma de atribuir significação temporal aos eventos de uma vida, ordenando-os, como conceber uma memória gerada a partir de um lugar fora do tempo?

O surgimento desse tipo de questão ocorre durante a leitura de um livro como *Memórias póstumas de Brás Cubas*, em que Machado de Assis cria um sujeito que narra após a própria morte, iniciando seu depoimento com a seguinte dedicatória: "Ao verme que primeiro roeu as frias carnes do meu cadáver dedico como saudosa lembrança estas memórias póstumas."[4] O que se observa é que o adjetivo "póstumas" inviabiliza qualquer significado óbvio que se queira associar ao termo "memórias". Ao se confessar não um "autor defunto", mas um "defunto autor"[5], Brás Cubas não está propondo apenas um jogo de palavras, mas uma indagação, bastante ousada, a respeito do modo como existência, memória, tempo e narrativa se relacionam.

A princípio, a voz que fala de um tempo póstumo parece ser uma voz privilegiada, pois teria o poder de resgatar a totalidade da experiência vivida. As memórias escritas em vida têm sempre como limite temporal o momento em que são produzidas. O tempo e as vivências que se desenrolam após o gesto narrativo inevitavelmente escapam ao olhar memorialista. Tal limitação não ocorre no caso do narrador póstumo. O "defunto autor" pode recompor *toda* uma vida, pois está situado após o seu término. O recurso ficcional a essa voz hipotética possibilitaria a compreensão plena dos próprios mecanismos temporais. Encenando estar fora do tempo, a narrativa machadiana teria o dom de apresentar o tempo como objeto passível de ser analisado com imparcialidade.

Entretanto, o que fica em evidência no romance de Machado não é a suposta dimensão isenta e totalizante

---

4. ASSIS, Machado de. *Obra completa*. Rio de Janeiro: Nova Aguilar, 1997, p. 511, vol. 1.
5. ASSIS, Machado de. *Obra completa*. Rio de Janeiro: Nova Aguilar, 1997, p. 513, vol. 1.

de um olhar atemporal. A voz que narra faz questão de deixar claro que são arbitrárias as formas segundo as quais os planos temporais são ordenados no sentido de tecerem uma memória coerente. Assim é que Brás Cubas opta por iniciar suas memórias não a partir do nascimento, como seria de se esperar, mas a partir do enterro. O fato de ocupar um espaço independente de qualquer cronologia permite que o narrador sinta-se livre para questionar concepções cristalizadas de tempo.

Apresentando-se como voz que, por convenção ficcional, se exclui do regime temporal humano, o narrador se diverte ao mostrar que esse regime também é convencional. Perceber o tempo pressupõe atribuir-lhe sentidos que não são inerentes ao próprio tempo, mas ao olhar de quem o percebe. Brás Cubas instala-se em uma acronia – lugar impreciso cujas características não são descritas, temporalidade difusa a partir da qual o conceito de tempo pode ser discutido.

O narrador machadiano assume-se como um irreverente manipulador do tempo, contrapondo-se àqueles que acreditam na existência de um fluxo temporal contínuo e linear. Seu maior inimigo é, pois, o próprio leitor do livro: "o maior defeito deste livro és tu, leitor"[6]. Trata-se do leitor típico do século XIX, acomodado às narrativas em que o tempo aparece como elemento sempre previsível, como veículo cuja função é concatenar, progressivamente, as ações:

> Tu tens pressa de envelhecer, e o livro anda devagar; tu amas a narração direta e nutrida, o estilo regular e fluen-

---

6. ASSIS, Machado de. *Obra completa*. Rio de Janeiro: Nova Aguilar, 1997, p. 583, vol. 1.

te, e este livro e o meu estilo são como os ébrios, guinam à direita e à esquerda, andam e param, resmungam, urram, gargalham, ameaçam o céu, escorregam e caem...[7]

Assim como Brás Cubas, também Machado de Assis pode ser considerado acrônico, já que investe contra as concepções em vigor na época em que sua obra foi produzida e veiculada. De maneira paradoxal, porém, pode ser considerado, pelo mesmo motivo, um autor profundamente imerso em seu tempo, capaz de gerar um diálogo problematizador com as referências de seu próprio contexto histórico.

Em Machado, a crítica à concepção linear de tempo, e a manipulação – aberta, exibicionista, provocativa – dos tempos narrativos associam-se à descrença na possibilidade de acúmulo da experiência. O percurso da vida humana é desenhado não como um processo de amadurecimento, no qual o tempo traz o aprimoramento dos saberes a serem transmitidos para as gerações futuras. O tempo não é mais visto como agente concatenador dos sentidos da existência, capaz de gerar um sentido último, conclusivo. Não há uma trajetória a ser compartilhada, deixada como exemplo. No final de suas memórias, em um capítulo "todo de negativas", Brás Cubas lista as coisas que não obteve. A mais notável delas, que é tida como um saldo, encerra o livro: "Não tive filhos, não transmiti a nenhuma criatura o legado da nossa miséria"[8].

---

7 ASSIS, Machado de. *Obra completa*. Rio de Janeiro: Nova Aguilar, 1997, p. 583, vol. 1.
8. ASSIS, Machado de. *Obra completa*. Rio de Janeiro: Nova Aguilar, 1997, p. 639, vol. 1.

5. Perspectivas

Ele caminhava ao longo do meio-fio. Rio da vida. (...) Plenacidade sumindo, outra plenacidade surgindo, sumindo também: outra surgindo, sumindo. Casas, fileiras de casas, ruas, quilômetros de calçadas, tijolos, pedras empilhadas. Trocando de dono. Este, depois daquele. Proprietário não morre nunca, diz-que. Outro ocupa o lugar dele quando ele recebe a notificação do despejo. Compraram o lugar com ouro mas continuam com todo o ouro na mão. Alguma trapaça aí. Empilhados nas cidades, desgastando-se com o passar dos séculos. Pirâmides de areias. Construídas à base de pão com cebola. Escravos. Muralha da China. Babilônia. Sobraram pedras grandes. Torres redondas. No mais, só entulho, subúrbios esparramados, tudo feito a tapa, as casas-cogumelos de Kerwan, feitas de vento. Abrigo para a noite.[9]

Nesse fragmento do *Ulisses* de James Joyce, Leopold Bloom – um dos protagonistas – caminha pelos arredores de Dublin. Sua percepção é marcada pela simultaneidade de duas dimensões: a espacial e a temporal. Tal simultaneidade concentra-se no movimento expresso na imagem utilizada pelo narrador: "plenacidade surgindo, sumindo". A percepção do caminhante é análoga ao ritmo de seus passos: a paisagem surge e desaparece, de forma quase instantânea. Trata-se de percepções conjugadas, que acontecem concomitantemente ao ato de olhar.

O olhar atua como uma câmara que registra inúmeras imagens: casas, ruas, calçadas, tijolos, pedras. No en-

---

9. JOYCE, James. *Ulisses*. Trad. Antônio Houaiss. Rio de Janeiro: Civilização Brasileira, 1966, p. 186.

tanto, a seqüência de objetos é quebrada pela descontinuidade das observações de Bloom, que especula a respeito do que vê. Corte vertiginoso. Bloom pensa nos agentes da especulação imobiliária que, fazendo da cidade um canteiro de entulhos, perpetuam-se através da exploração do capital financeiro: "Proprietário não morre nunca, diz-que. Alguma trapaça aí."

Outro corte. Outra cena. A velocidade da percepção do sujeito alia-se, agora, a uma observação prospectiva. É um olhar capaz de transpassar eras, distâncias. Bloom vê a areia das construções e a vincula a obras imemoriais: as pirâmides do Egito, a muralha da China, a cidade da Babilônia. Tudo acontece ao mesmo tempo, coexiste, na ótica de Leopold Bloom. São semelhantes os processos históricos, é idêntica a exploração dos trabalhadores: "sobraram pedras grandes". As pedras podem referir-se tanto ao material utilizado na construção das pirâmides, da muralha e da cidade antigas quanto ao entulho do subúrbio dublinense, em uma notável justaposição espaço-tempo, operada na mente do observador.

O espaço-tempo no qual Leopold Bloom caminha não é contínuo, mas esgarçado, heterogêneo, sujeito a superposições. As observações do protagonista misturam-se a pensamentos e lembranças. É um modo – fragmentado, parcial – de lidar com a imprecisão que reveste o aqui-agora do acontecimento. A simultaneidade das ações e também a aparente falta de conexão entre elas provocam uma tensão que é a própria tensão do olhar. A tensão do texto.

6. A roda da vertigem

Lavoura arcaica, livro do escritor paulista Raduan Nassar, pode ser considerado um romance em que o tempo é representado de duas formas distintas. Por um lado, há o tempo medido e comedido do pai, tempo sagrado que aspira à imobilidade – trata-se da dimensão da ordem, impregnada por uma atmosfera arcaica, mítica. O sentido historiográfico da palavra *arcaico* atesta essa conotação temporal, ao apontar para a anterioridade e a antigüidade. Além disso, o sentido etimológico do termo envolve a idéia de *arkhé*, princípio inaugural, constitutivo e dirigente.

Há um objeto na casa que traduz a rotina circular de tal tempo, representando a visão de mundo conservada e transmitida pela palavra paterna. Expressão do movimento oscilatório, o pêndulo é o centro da casa: dá à duração uma escala familiar, traz o tempo para o espaço doméstico:

> O pai à cabeceira, o relógio de parede às suas costas, cada palavra sua ponderada pelo pêndulo, e nada naqueles tempos nos distraindo tanto como os sinos graves marcando as horas: "o tempo é o maior tesouro de que um homem pode dispor; embora inconsumível, o tempo é o nosso melhor alimento; sem medida que o conheça, o tempo é contudo nosso bem de maior grandeza: não tem começo, não tem fim, é um pomo exótico que não pode ser repartido, podendo entretanto prover igualmente a todo mundo; onipresente, o tempo está em tudo; existe tempo, por exemplo, nesta mesa antiga..."[10]

---

10. NASSAR, Raduan. *Lavoura arcaica*. 3ª ed. São Paulo: Companhia das Letras, 1989, pp. 53-4.

Há, contudo, um outro tempo, que corrói o tempo subordinado aos poderes paternos. Trata-se de um tempo desordenado, anárquico e confuso, que viola os valores estabelecidos pela ordem do clã, inaugurando uma nova temporalidade. Tal dimensão irrompe através do incesto – ato que subverte os ciclos ancestrais.

Quando do regresso de André, o filho pródigo, tudo se repetirá, embora de forma diferida. Nas últimas páginas, o romance reproduz, quase que palavra por palavra, uma cena do início. Agora, porém, o tempo já não é cíclico, tornou-se vertiginoso, irrecuperável. É o ato de André – personagem-narrador e filho incestuoso – que marca esse outro tempo, que é febre, agonia, vórtice:

> "e a roda então vibrante acelerou o movimento circunscrevendo todo o círculo, e já não era mais a roda de um carro de boi, antes a roda grande de um moinho girando célere num sentido e ao toque da flauta que reapanha desvoltando sobre seu eixo"[11].

Porque "desvoltando sobre seu eixo", a roda expressa um tempo desmesurado, que recua e avança, estendendo-se para frente e para trás, ilimitado: "a roda passou a girar cada vez mais veloz, mais delirante"[12].

---

11. NASSAR, Raduan. *Lavoura arcaica*. 3ª ed. São Paulo: Companhia das Letras, 1989, pp. 187-8.
12. NASSAR, Raduan. *Lavoura arcaica*. 3ª ed. São Paulo: Companhia das Letras, 1989, p. 189.

Capítulo 3 **Espaço e literatura**

Pensar o espaço

1. Ser e estar

É possível *ser* sem *estar*? De maneira geral, quando concebemos um determinado ente – seja humano ou não, animado ou inanimado –, criamos uma série de referências com as quais ele se relaciona de algum modo. Ou seja: imaginamos uma forma de *situá-lo*, atribuímos ao *ser* um certo *estar*. Ao realizarmos tal operação, estamos produzindo um *espaço* para o ser. Poderíamos dizer, em uma definição bastante genérica, que o espaço é esse conjunto de indicações – concretas ou abstratas – que constitui um sistema variável de relações.

Assim sendo, se criamos uma personagem ficcional, vamos posicioná-la relativamente a outros elementos de nosso texto. Podemos situá-la fisicamente (criamos um espaço geográfico), temporalmente (definimos um espaço histórico), em relação a outras personagens (determinamos um espaço social), em relação às suas próprias características existenciais (concebemos um espaço psicológico), em relação a formas como essa personagem é expressa e se expressa (geramos um espaço de linguagem), e assim por diante.

O espaço da personagem em nossa narrativa seria, desse modo, um quadro de *posicionamentos* relativos, um quadro de coordenadas que erigem a identidade do ser exatamente como identidade relacional: o ser *é* porque se relaciona, a personagem existe porque ocupa espaços na narrativa. Percebemos a individualidade de um ente à medida que o percebemos em contraste com aquilo que se diferencia dele, à medida que o localizamos. Só compreendemos que algo *é* ao descobrirmos onde, quando, como – ou seja: em relação a quê – esse algo *está*.

2. Valores espaciais

Quando falamos de espaço na análise de uma narrativa literária, pensamos, imediatamente, no espaço físico por onde as personagens circulam. Isso é uma prova de que temos a tendência de privilegiar as relações estabelecidas por nossos sentidos – no caso da cultura ocidental moderna, sobretudo o sentido da visão. O espaço seria, em primeiro lugar, aquilo que podemos perceber através de nosso corpo. O espaço que ocupo seria, especialmente, aquele que *vejo*.

No momento da leitura de uma narrativa literária, transplantamos, para o texto, essa nossa tendência. Sim, sabemos que se trata de um universo ficcional, mas tentamos identificar espaços que sejam concretos para os seres que habitam tal universo. A literatura, entretanto, propõe que se questione a primazia dos espaços concretos sobre outros tipos de espaço – comumente denominados de subjetivos, imaginários, ficcionais, abstratos, etc. Melhor dizendo: a literatura costuma interrogar a certeza que possuímos quando acreditamos na *concretude* dos espaços. Não se trata de negar a existência do espaço físico, mas de chamar atenção para o fato de que é impossível dissociar, do espaço físico, o modo como ele é percebido. Trata-se, assim, de questionar a crença de que estabelecemos uma relação *direta*, estritamente direta, com o mundo que está à nossa volta.

Não existe olhar isento: quando abrimos nossos olhos, mesmo quando não há um desejo ou um interesse explícitos de ver algo, projetamos significados naquilo que vemos. Tais significados não são puramente individuais, mas condicionados por um *certo modo de olhar* que é cultural. Quando, por exemplo, pensamos que aquilo que está "no alto", ocupando um lugar "superior", possui mais valor do que aquilo que está "embaixo", em posição "inferior", estamos reproduzindo uma associação característica da cultura ocidental – oriunda, provavelmente, das oposições céu/terra e mente/corpo, típicas sobretudo da tradição cristã. Nossa percepção do espaço físico é, assim, mediada por *valores*. A literatura é capaz de mostrar que esses valores não são imutáveis, podem ser constantemente repensados e redefinidos.

3. Espaços do texto

Quem possui uma biblioteca sabe que textos ocupam espaço – no sentido bem concreto dessa palavra. Todo texto possui uma localização física, um suporte material, que pode ser, por exemplo, um disquete, um *outdoor* ou um livro – no caso da época atual, ainda o suporte mais difundido. A significação de um texto não é, como muitas vezes se costuma pensar, independente do seu veículo, não é uma operação puramente mental que requer apenas a decodificação de um certo conjunto de sinais gráficos, os quais, a princípio, poderiam vir reproduzidos em qualquer superfície legível. Ao se estudar a história das formas de veiculação da escrita, percebe-se que há um vínculo íntimo entre as possibilidades de produção e recepção dos textos e o suporte em que circulam.

Sabe-se que os textos mais antigos eram escritos em rolos. É somente a partir de um determinado momento, em torno do século III, que o rolo é substituído pelo códex, ou seja, pelo formato de caderno que deu origem ao livro como o conhecemos hoje. Tal transformação, apesar de parecer irrelevante, gerou uma série de conseqüências significativas. Houve uma conseqüência econômica: o fato de se poder usar os dois lados do suporte viabilizou a reunião de um número maior de textos, reduzindo os custos. Essa mudança, associada à invenção da reprodução técnica – que substitui a manuscrita a partir do século XV –, vai possibilitar, mais tarde, a partir do século XVIII, a difusão em grande escala dos textos escritos.

A passagem do rolo ao códex trouxe também uma alteração fundamental no modo como os textos eram lidos. No caso do rolo, o modo predominante era a leitura em voz alta. Como o rolo exigia o uso das duas mãos, era impossível ler e simultaneamente fazer anotações. O surgimento do códex aumentou, de maneira notável, a facilidade de manipulação do veículo escrito, tornando mais rápidas a localização e a comparação entre trechos do texto. O novo formato produziu um novo tipo de leitor: um leitor que pode exercer maior liberdade diante das mensagens que manuseia.

O século XX presencia uma outra grande mudança de suporte: estamos passando do predomínio do texto impresso, no formato de livro, para a proliferação do texto eletrônico, produzido e veiculado nas telas de computador. Com essa mudança, o próprio conceito de texto é colocado em xeque. Se, no caso do livro, apesar da liberdade de manuseio, o poder de interferência imediata do leitor é limitado, no caso da tela o leitor pode facilmente assumir o papel de co-autor. Tende-se a perder o limite que separa leitura e escrita. A própria noção de propriedade literária, tão bem representada pela fixidez do livro, corre o risco de extinção em decorrência da extrema mobilidade dos textos eletrônicos.

Uma das principais características do texto literário, em oposição a textos que se pretendem puramente informativos, é provocar a capacidade associativa do leitor, é propor ao leitor enigmas para os quais não são dadas soluções, é estimular o leitor a exercer sua liberdade de escolhas interpretativas, é convidá-lo a escrever, através da leitura, o seu próprio livro. Sendo assim, ao encontrar esse novo suporte – imaterial, interativo, híbrido, composicional, mutável –, a literatura não estaria encontrando um espaço privilegiado para explorar suas potencialidades? Ou, ao contrário, com a massificação de uma cultura informatizada, caberia à literatura a tentativa de cultivar e resgatar valores que tendem a ser esquecidos? A resposta para tais questões depende da maneira como a literatura vai interagir com o novo suporte que se oferece a ela. Do espaço – físico, concreto – que o texto literário passa a ocupar, depende o espaço – de importância, de interferência – que a ele está reservado na cultura contemporânea.

4. A realidade da literatura

Qual é a relação que a literatura estabelece com o espaço social no qual é produzida? Ainda é muito comum ouvirmos dizer que a literatura – ou, de forma mais geral, a arte – é um espelho da realidade. Essa afirmativa é válida se pensarmos que todo espelho produz imagens, ou seja, representações do objeto que reflete. Uma imagem jamais é reprodução, cópia exata de algo. Uma imagem não possui, por exemplo, cheiro nem textura. É uma forma parcial de aludir a certas características de um objeto.

No Palácio dos Espelhos, no parque de diversões, descobrimos que existem diferentes tipos de espelhos. Em função da variação do grau de concavidade ou convexidade, são produzidas imagens mais ou menos distorcidas. É importante ressaltar, no entanto, que a idéia de distorção deve ser pensada em relação à capacidade perceptiva de nosso olho. Nosso olho já está treinado para reconhecer de determinado modo: existem convenções de visualidade que fazem com que consideremos uma imagem fiel ou não ao objeto que ela representa. Um espelho plano não mostra exatamente como somos, mas como estamos acostumados a nos pensar.

A literatura pode agir de duas formas básicas. Pode pretender atuar como um espelho plano, alimentando a ilusão de que é capaz de mostrar a realidade como ela é. Esse é o caso do Realismo, movimento literário difundido na segunda metade do século XIX, mas cujos princípios "realistas" podem ser encontrados em épocas diversas. A segunda possibilidade, oposta à primeira, é a literatura assumir-se como espelho deformante, com a intenção de deslocar a imagem que a sociedade tem de si mesma. O objetivo desse tipo de literatura é o de abrir novos ângulos de visão, de revelar novas dimensões do real. Uma literatura que se deseja profundamente crítica, portanto.

Só é válido afirmar que o texto literário reproduz a realidade se se entende que reproduzir significa, literalmente, *produzir de novo*, ou seja, em um gesto que é, de certo modo, repetição, gerar uma realidade diferente.

No entanto, seria possível pensar um texto completamente desvinculado do contexto – econômico, político, social, cultural – no qual foi gerado? É possível imaginar algo absolutamente diferente daquilo que conhecemos? Se tentássemos imaginar, por exemplo, como seria a vida em uma outra galáxia, não tenderíamos a projetar – mesmo que através de modificações – os parâmetros que definem nossa vida aqui? Seríamos capazes de escrever uma história na qual não houvesse tempo, espaço, personagens, ação, linguagem? As narrativas de ficção científica não nos parecem falar muito mais sobre desejos e conflitos humanos básicos do que sobre uma possível outra realidade, efetivamente distinta da nossa?

O imaginário – nossa capacidade de supor o não-ocorrido, de vislumbrar o desconhecido, de criar a diferença – também está inserido no espaço da nossa cultura. O inusitado se cria a partir de um desdobramento daquilo que é familiar. A imagem nova surge da deformação da imagem que estamos acostumados a ver.

capítulo 3 • 73

5. Visualidade do espaço poético

Nas narrativas literárias, o espaço tende a estar associado a referências internas ao plano ficcional, mesmo que, a partir desse plano, sejam estabelecidas relações com espaços extratextuais. No caso de textos poéticos, contudo, o espaço também diz respeito ao modo como as palavras ocupam a página. O texto poético pode eleger a própria palavra como um espaço: o signo verbal não é apenas decodificado intelectualmente, mas também sentido em sua concretude. Sobretudo, é possível explorar, na poesia escrita, a visualidade da palavra: o signo verbal como imagem.

Para se investigar a visualidade da palavra, é preciso que se discuta o conceito de imagem. Charles Sanders Peirce define imagem como um hipoícone, ou seja, um signo icônico, que pode representar seu objeto principalmente através da similaridade[1]. É importante ressaltar, no entanto, que a questão da similaridade – a idéia de que toda imagem possuiria uma semelhança fundamental com o objeto que representa – é problemática. Em primeiro lugar, porque há um caráter profundamente convencional nas imagens visuais. Quando nos deparamos com o desenho de um círculo central de onde partem várias retas, reconhecemos a imagem do sol. Seria difícil, contudo, admitir que esse desenho efetivamente *se parece* com o objeto que designa. O que se pode dizer é que a imagem reproduz algumas condições da percepção do objeto, mas através de um código de reconhecimento veiculado de acordo com uma convenção gráfica.

---

1. PEIRCE, Charles S. *Semiótica*. Trad. José Teixeira Coelho Neto. São Paulo: Perspectiva, 1977, p. 64.

Como estabelecer, pois, o limite que definiria o grau de similaridade em oposição ao grau de convencionalidade? Como estabelecer um patamar de iconicidade a partir do qual um signo pode ser considerado uma imagem?

Em segundo lugar, é preciso lembrar que nem todas as imagens visuais são figurativas, ou seja, nem sempre permitem o reconhecimento de um objeto externo a elas, nem sempre representam algo. Não temos dúvida de que um quadro de pintura abstrata é uma imagem visual. No entanto, é possível afirmar que ele representa alguma coisa, do mesmo modo que afirmamos que o círculo e as retas representam o sol? Em um caso como esse, faz sentido continuar a operar com o conceito de imagem como o signo que se assemelha a seu objeto?

Pode-se pensar a questão da similaridade a partir de duas perspectivas. Uma perspectiva de referência, segundo a qual o objeto é anterior ao signo. Nesse caso, a imagem é comparada a um objeto preexistente, preservando alguns de seus traços reconhecíveis. Ou, então, uma perspectiva mais ampla de significação, segundo a qual o objeto também é criado, suscitado pela imagem. Um quadro não-figurativo, por exemplo, não possui um objeto de referência, algo específico que teria tentado reproduzir, mas possui objetos possíveis, viabilizando não reconhecimentos necessários, mas reconhecimentos hipotéticos.

No campo da poesia, muitas experiências que procuram destacar a visualidade da palavra partem da perspectiva de referência: a palavra reproduzindo alguma característica visual de um objeto reconhecível. Assim, seriam tipicamente imagéticos o "Poema-cauda"[2], de

---

2. CAMPOS, Augusto de. *O anticrítico*. São Paulo: Companhia das Letras, 1986, p. 131.

Lewis Carroll, cujas palavras são dispostas graficamente em forma semelhante ao rabo de um rato; o poema de Melo e Castro[3] que reproduz, com as letras da palavra pêndulo, o movimento desse objeto; e o "Lunograma (Musset)"[4], de Augusto de Campos, em que o pingo da letra "i", desenhado como um grande círculo branco, representa a lua cheia mencionada no texto.

No entanto, também é possível pensar a visualidade a partir da segunda perspectiva: a palavra explorando sua dimensão imagética não-figurativa. Nesse caso, enfatiza-se a concepção da palavra enquanto traçado, grafia, conjunto de riscos que utilizam o olho não apenas como veículo neutro que conduz à compreensão intelectual, mas como instrumento gerador de sensações que podem ser estimuladas. Paradoxalmente, quando se destaca o lado gráfico da palavra, sua materialidade icônica, a sensorialidade visual de sua expressão concreta, também fica evidenciada sua inegável característica convencional: a palavra não tem como deixar de ser um conjunto de rabiscos ao qual foram arbitrariamente atribuídos alguns significados. É o que se verifica no poema "Vocábulo"[5], de Edgard Braga, em que as letras da palavra "vocábulo" são tratadas como linhas que formam um desenho arbitrário; e no poema "Apenas"[6], de Arnaldo Antunes, no qual o jogo com os termos "apenas" e "pensa" é impresso com uma tinta que parece dissolver-se na página, produzindo borrões que comprometem a legibilidade das letras.

---

3. MELO E CASTRO, E. M. de. *O fim visual do século XX*. São Paulo: Edusp, 1993, p. 290.
4. CAMPOS, Augusto de. *Despoesia*. São Paulo: Perspectiva, 1994, p. 57.
5. BRAGA, Edgar. *Poesia concreta*. São Paulo: Abril Cultural, 1982. Coleção Literatura Comentada, p. 65.
6. ANTUNES, Arnaldo. *2 ou + corpos no mesmo espaço*. São Paulo: Perspectiva, 1997, p. 83.

Há, ainda, um terceiro modo de pensar a relação signo literário/signo visual. A literatura pode, sem pretender ser uma imagem, desejar se aproximar da lógica imagética. A lógica verbal é tipicamente linear, regida pela ordenação que coloca uma palavra sempre depois de outra, constituindo uma cadeia sintática cujos elos se formam segundo o movimento de sucessão de unidades discretas. A lógica imagética não pressupõe essa linearidade. Quando olho uma paisagem, um quadro, ou uma escultura, não é relevante o lugar por onde começo a olhá-los; não há uma seqüência predeterminada de elementos a serem observados – elementos que não são isoláveis, mas contínuos. A literatura pode flertar com essa outra lógica.

Em um poema do escritor norte-americano e. e. cummings[7], através do uso de parênteses – que tornam viável que palavras sejam escritas *dentro* de palavras –, duas cenas são apresentadas simultaneamente: uma abelha pousada em uma rosa, e uma pessoa que dorme. No poema "Rever"[8], de Augusto de Campos, as duas últimas letras da palavra "rever" são dispostas ao contrário, criando uma figura simétrica e reversível. Além disso, a mesma palavra-figura é reproduzida no verso da página. Assim, os sentidos de *revisão* e *reversão* surgem não apenas como idéias, mas como procedimentos visuais a cujo exercício o olhar do leitor é estimulado.

No texto literário, tanto em formas poéticas quanto em formas narrativas, é possível simular simultaneidade onde normalmente se encontra sucessão, propor a coordenação de elementos a princípio subordinados, instigar

---

7. CUMMINGS, E. E. *10 poem(a)s*. Trad. Augusto de Campos. 2ª ed. São Paulo: Brasiliense, 1986, p. 95.
8. CAMPOS, Augusto de. *Poesia 1949-1979 (VIVA VAIA)*. São Paulo: Brasiliense, 1986, pp. 99-100.

deriva nos caminhos já traçados, incerteza onde há normas a serem respeitadas, liberdade de olhar quando o olhar tende a ser aprisionado.

Escrever o espaço

1. O espaço na narrativa

A imensa variedade de corpos e eventos que nos envolvem gera as noções de espaço e tempo, fundamentalmente entrelaçadas em nossas formas de conhecimento do mundo. Houve uma época, porém, em especial no âmbito da narrativa, e mais propriamente no do romance tradicional, tal como era praticado no século XIX e princípios do XX, em que as coordenadas de tempo e espaço eram tratadas de modo estanque pelo sujeito da escrita.

O espaço era pensado mais como geografia, território demarcado, do que desdobramento de vivências. Nessa perspectiva, ou se abordava o espaço narrativo enquanto lugar de representações míticas – espécie de cenário difuso e desfocado, sintonizado em um eterno presente –, ou, no extremo oposto, pretendia-se focalizar o espaço enquanto região delimitada, com suas características singulares. Bom exemplo dessa segunda tendência é o chamado "romance de 30" brasileiro, em que se objetiva efetuar a denúncia das condições de vida do meio rural, privilegiando-se, para isso, a descrição da ambientação física. Predominam, sob essa ótica, as formas de reprodução – mais do que a vivência pessoal e subjetiva – do espaço. Assim, o espaço da narrativa parece estar concentrado em cenários "reduzidos": a paisagem agreste nordestina, os engenhos de açúcar, o pampa gaúcho. Em tais cenários, cria-se um microcosmo em função do qual vão se definindo as condições históricas e sociais das personagens, onde é possível detectar a correlação funcional entre os ambientes, as coisas e os comportamentos. É o que se pode observar no seguinte trecho de *Menino de engenho*, de José Lins do Rêgo:

> O engenho e a casa de farinha repletos de flagelados. Era a população das margens do rio, arrasada, morta de fome, se não fossem o bacalhau e a farinha seca da fazenda. Conversavam sobre os incidentes da enchente, achando graça até nas peripécias de salvamento. João de Umbelino mentia à vontade, contando pabulagens que ninguém assistira. Gente esfarrapada, com meninos amarelos e chorões, com mulheres de peitos murchos e homens que ninguém dava nada por eles – mas uma gente com quem se podia contar na certa para o trabalho mais duro e a dedicação mais canina.[9]

A radicalização dessa perspectiva leva a uma visão determinista do espaço. O componente físico – paisagens, interiores, decorações, objetos – condiciona o desenrolar da ação, o trânsito das personagens. Por outro lado, quando a perspectiva se abre, torna-se possível pensar o espaço enquanto lugar que abarca tanto configurações sociais – o chamado espaço social – quanto configurações psíquicas – o espaço psicológico.

Normalmente, por espaço social entende-se a observação, descrição e análise de ambientes que ilustram, quase sempre com intenção crítica, aquilo que, utilizan-

---

9. RÊGO, José Lins do. *Menino de engenho*. 8ª ed. Rio de Janeiro: José Olympio, 1965, p. 31.

do-se um vocabulário naturalista, pode-se chamar de "os vícios e as deformações da sociedade". *O cortiço,* de Aluísio Azevedo, é exemplo de narrativa que envereda por esse caminho, à medida que se ancora em um espaço historicamente determinado: o Rio de Janeiro do tempo de D. João VI e D. Pedro I. Ali, personagem e espaço disputam a primazia, e se pode apreender, quase didaticamente, a relevância do segundo:

> E aquilo se foi constituindo numa grande lavanderia, agitada e barulhenta, com as suas cercas de varas, as suas hortaliças verdejantes e os seus jardinzinhos de três e quatro palmos, que apareciam como manchas alegres por entre a negrura das limosas tinas transbordantes e o revérbero das claras barracas de algodão cru, armadas sobre os lustrosos bancos de lavar. E os gotejantes jiraus, cobertos de roupa molhada, cintilavam ao sol, que nem lagos de metal branco.
>
> E naquela terra encharcada e fumegante, naquela umidade quente e lodosa, começou a minhocar, a esfervilhar, a crescer, um mundo, uma coisa viva, uma geração, que parecia brotar espontânea, ali mesmo, daquele lameiro, e multiplicar-se como larvas no esterco.[10]

O cortiço representa aspectos que definem o país todo, é o centro de convergência, o lugar por excelência em que tudo se exprime. Pretende ser, pois, uma figuração do próprio Brasil.

Por outro lado, o espaço psicológico, muitas vezes limitado ao "cenário" de uma mente perturbada, surge a partir da criação de atmosferas densas e conflituosas,

---

10. AZEVEDO, Aluísio. *O cortiço.* 8ª ed. São Paulo: Ática, 1979, p. 48.

projetadas sobre o comportamento, também ele freqüentemente conturbado, das personagens. Os espaços íntimos vinculam-se, assim, a um pretenso significado simbólico.

Não se deve, contudo, cair na tentação de reduzir o espaço narrativo a essas duas perspectivas – uma, determinista; a outra, psicológica e social – que muitas vezes funcionam como verdadeiras camisas-de-força. Já que ambas as perspectivas podem estar imbricadas ou até mesmo indissociadas, os diversos modos de representação do espaço são dados para os quais se deve olhar com atenção. Na verdade, é preciso relativizá-los, mesmo porque, em obras literárias distintas, há diferentes padrões de produção de sentido.

É interessante notar, por exemplo, que, em um gênero específico como a narrativa de viagem, é a representação do espaço – sua novidade, sua descoberta – que regula a construção do relato, em um processo que acaba por se projetar sobre o próprio sujeito da viagem, também ele uma categoria em transformação. Sujeito e espaço acham-se intimamente interligados nessas narrativas. É em função do espaço e da necessidade de operacionalizá-lo que o sujeito adquire relevância. O alargamento da idéia de espaço efetuado a partir das viagens e navegações altera as categorias conceituais através das quais se podia, até então, pensar. É dessa espacialização que resulta a crença na inesgotabilidade da superfície das coisas.

Com as descobertas da Física moderna e especialmente a partir da teoria da relatividade de Einstein, o espaço se transforma em tempo e vice-versa. Resulta daí a possibilidade de gerar uma outra dimensão: a do espaço-tempo. Passa-se a pensar que espaço e tempo estão unidos de maneira indissociável. Por causa desse entrelaçamento, as medidas de distância e tempo não são mais absolutas, mas dependem da velocidade do observador.

Na narrativa contemporânea, o espaço constrói-se a partir do cruzamento de variados planos espaço-temporais experimentados pelo sujeito, apresentando uma dimensão múltipla e um caráter aberto. No entanto, há, em determinados relatos, a preponderância do espaço sobre o tempo – preponderância que pode, eventualmente, cancelar toda memória, toda história, colocando em xeque a própria identidade do sujeito. As coisas existem apenas no espaço, estabelecem distâncias entre si, espalham-se formando grandes extensões. Detecta-se a necessidade de desterritorializar-se, não pertencer a lugar nenhum, estar em trânsito permanente. É o caso de *Noturno indiano,* em que a peregrinação do protagonista por lugares desconhecidos, exóticos e inóspitos dissolve sua identidade, como reconhece o autor, Antonio Tabucchi, no texto em que se corresponde com uma das personagens do romance:

> experimentei então um sentimento de estranheza muito forte em relação a tudo: a tal ponto que já não sabia porque estava ali, qual o sentido da minha viagem, e que sentido tinha o que andava a fazer e o que eu próprio era. Daí, provavelmente, o meu livro. Em suma, um equívoco. Sou, evidentemente, dado ao equívoco.[11]

---

11. TABUCCHI, Antonio. *Os voláteis do Beato Angélico.* Trad. Helena Domingos. Lisboa: Quetzal, 1989, p. 48.

2. Espaço: motor da memória

Com o questionamento da linearidade espaço-temporal da narrativa clássica, o espaço coeso se abre em vários espaços. Nas narrativas modernas, acentua-se a problematização da categoria espacial. Muitas vezes as personagens existem em um universo que é constantemente rearranjado pela memória. É o caso de *Relato de um certo oriente*, do amazonense Milton Hatoum, publicado em 1989. A memória produz uma multiplicidade de pontos de vista sobre o espaço, procedimento que raramente será abandonado na ficção contemporânea. A intenção de gerar o efeito de simultaneidade leva à vivência da mesma cena em ambientes distintos. Na narrativa, há a presença marcante do relógio negro da matriarca Emilie, colocado, de maneira estratégica, na sala de estar. O relógio – objeto de fascínio para várias gerações – é referência obrigatória, testemunha os momentos mais significativos da vida familiar. Exprimindo a repetição de cenas do clã – ainda que sob uma perspectiva diferenciada –, tal objeto é a voz coral da família de Emilie: nele se sedimentam as hesitações, perdas e lacunas da história familiar. Esse relógio metaforiza o deslocamento espaço-temporal vivido pelo grupo de imigrantes libaneses instalado em Manaus. Cuidadosamente conservado, é o marco da travessia, elo que une oriente e ocidente:

> Ela interrompia as atividades, deixava de dar ordens à Anastácia e passava a contemplar o céu, pensando encontrar entre as nuvens aplastadas contra o fundo azulado e brilhante a caixa negra com uma tampa de cristal,

os números dourados em algarismos romanos, os ponteiros superpostos e o pêndulo metálico.[12]

Já na ficção de cunho autobiográfico, como a de Pedro Nava, as mutações no espaço ocorrem por conta do sujeito de memória, que pretende solidificar a construção textual, simbólica, a partir da materialização de determinados lugares. Casas, ruas, bairros, cidades tornam-se locais privilegiados para a emergência das recordações. É assim que, em Pedro Nava, a busca genealógica das raízes acha-se fundamentada no minucioso levantamento tanto da arquitetura quanto da decoração das casas da família. Mesmo que tais casas tenham sido demolidas (de fato ou na lembrança), ele insiste em recolocar, nos seus devidos lugares, cadeiras, mesas, quadros. Esse procedimento atesta que são indissociáveis a edificação do texto e a destruição das coisas. Na confecção do texto, uma dupla morte: do sujeito nos lugares e dos lugares no sujeito.

O sentimento de perda, de finitude, está presente também em grande parte da poética de Carlos Drummond de Andrade. A transformação da matéria da memória em poesia é condição para driblar a morte, ou aprender a morrer. A memória do poeta ressalta uma topografia arruinada que anuncia o fim da ordem agrário-pastoril do clã fazendeiro.

Bota, caçamba, moldura de retrato na parede: objetos expostos na sala de visitas, são signos que revelam a concretude de um mundo. Entretanto, são artefatos imprecisos, cujo vazio deixa transparecer precariedade

---

12. HATOUM, Milton. *Relato de um certo oriente*. São Paulo: Companhia das Letras, 1989, p. 35.

e fragilidade. Fragmentos, imagens desgarradas que parecem "posar" diante do sujeito de memória e que constituem índices de um espaço-tempo perdido (que é também espaço-tempo que se redescobre), insígnias que se sustentam por seu absurdo desejo de negar a perda. Na casa, feita museu, pouca coisa resta: alguns objetos, fios esgarçados. Metonímias. Cacos da História. Descrever os objetos situados nesses espaços funciona como tentativa de cristalizar o tempo passado, petrificar os lugares da memória. Essa a tarefa do memorialista.

3. Uma paisagem cheia de rugas

O filósofo alemão Walter Benjamin admite que sua obra pode ser definida por uma preocupação nuclear com a experiência na metrópole moderna. Isso porque, contendo os labirintos históricos, os labirintos metropolitanos são capazes de apontar para a incerteza fundamental da localização no tempo e no espaço. É sabido que Benjamin, em especial a partir da obra do escritor francês Charles Baudelaire, pensa o espaço da cidade enquanto lugar de emergência de um tipo especial de sujeito: o *flâneur*, andarilho que vaga pelas ruas, lançando sobre a cultura urbana um olhar simultaneamente atento e distraído, crítico e cúmplice. Em Benjamin, tanto o *flâneur* quanto a prostituta são figurações do peregrino sem fronteiras, pois colocam-se contra a estabilidade consagrada e, assim como o espaço urbano, estão em permanente transformação[13].

---

13. BENJAMIN, Walter. *Charles Baudelaire, um lírico no auge do capitalismo*. Trad. José Carlos Martins Barbosa, Hemerson Alves Batista. São Paulo: Brasiliense, 1991. Obras escolhidas, vol. 3.

O poeta português Cesário Verde expressa de forma exemplar a *flânerie* do sujeito moderno em um poema considerado um marco na investigação poética sobre a cidade. Trata-se de "O sentimento dum ocidental", em que o sujeito poético divaga sobre o que vê nas ruas de uma metrópole. O andar sem pressa, sem destino, é a característica desse andarilho que se assemelha ao de Walter Benjamin. Tal caminhante percorre a cidade munido com uma "luneta de uma lente só"[14], o que sugere que sua visão é limitada. Mas talvez essa visão, por ser parcial, seja a única possível para o homem urbano.

O *flâneur*, em Cesário Verde, é um observador, alguém que recorta geografia e paisagem. Os signos mais fortes de "O sentimento dum ocidental" são justamente as imagens da cidade, que exercem sobre o sujeito um efeito aprisionador. A cidade é gaiola, túmulo, claustro, prisão, boqueirão e becos. Signos de fechamento, como se pode ver nos trechos a seguir:

> Na parte que abateu no terremoto,
> Muram-me as construções retas, iguais, crescidas
> Afrontam-me, no resto, as íngremes subidas,
> E os sinos dum tanger monástico e devoto.
> (...)
> Semelham-se a gaiolas, com viveiros,
> As edificações somente emadeiradas
> (...)
> Embrenho-me a cismar, por boqueirões, por becos,
> Ou erro pelos cais a que se atracam botes.
> (...)

---

14. VERDE, Cesário. *O livro de Cesário Verde*. Lisboa: Livros Horizonte, 1983, p. 16.

Mas se vivemos os emparedados,
Sem árvores, no vale escuro das muralhas!...[15]

A superfície urbana – povoada de coisas e seres abjetos – expõe uma faceta decadente e podre. Ao perambular pelas ruas, o sujeito poético está cercado pela rede de esgotos. Trata-se de elemento grotesco, que associa a cidade à miséria, à escuridão e à morte – a uma prisão infernal. Assim como a solidez do chão é ilusória – pois está minada pelos esgotos –, as instituições – hospitais, catedrais, palácios – apenas aparentemente são estáveis.

E saio. A noite pesa, esmaga. Nos
passeios de lajedo arrastam-se as impuras.
Ó moles hospitais! Sai das embocaduras
Um sopro que arrepia os ombros quase nus.
(...)
As burguesinhas do Catolicismo
Resvalam pelo chão minado pelos canos[16]

Essa cidade é melancólica, soturna, mas tem também sua faceta de espetáculo luxuoso que se oferece ao olhar. Uma cidade feita clausura e vitrine. Por ser tela onde se desenrolam cenas do cotidiano, o espaço urbano é marcado por emblemas da modernidade – prédios em construção, operários, mendigos, comércio. Compondo à sua maneira uma arte de andar pelas ruas de uma grande metrópole, o sujeito poético de "O sentimento dum ocidental" parece traçar uma odisséia às avessas, uma

---

15. VERDE, Cesário. *O livro de Cesário Verde*. Lisboa: Livros Horizonte, 1983, p. 17
16. VERDE, Cesário. *O livro de Cesário Verde*. Lisboa: Livros Horizonte, 1983, p. 15.

vez que seu périplo tem por moldura experiências típicas de personagens prosaicos, banais, sem heroicidade.

O *flâneur*, andarilho e estrangeiro, atravessa uma turba que não deixa rastros. A cidade – paisagem de multidões errantes – é vivenciada como dispersão, se mostra como um formigamento, um fervilhamento, uma multiplicidade de poros.

A contemporaneidade, retomando e expandindo as questões apontadas por Cesário Verde, apresenta o espaço enquanto extensão sem profundidade. Nesse espaço – que é uma trama, uma malha sígnica – figuras sem espessura, como cartas de baralho, atuam na riqueza da superfície. A ascensão à superfície é uma forma de desmistificar a profundidade. Uma das vertentes mais significativas do pensamento contemporâneo é aquela que concebe a profundidade como largura, jogo, ruga. Ou seja, a profundidade passa a ser um mero desdobramento da superfície.

Não por acaso, a cidade, feixe de relações, é o lugar onde algo começa a desmoronar. No cenário urbano, o sujeito se dissemina em múltiplos papéis. A cidade se apresenta como um tabuleiro de xadrez em que identificações e movimentos emergentes se cruzam. Nessa cartografia, se esboça uma nova figura: a do estrangeiro na própria terra, aquele que experimenta viver nas bordas de um palco de migrações, de etnias, de subjetividades. O habitante do espaço urbano é concebido como um sujeito rasurado, deslocado. É alguém que, se sabendo estrangeiro, renuncia a qualquer pretensão de totalidade, de completude, pois já não há mais nem centro nem periferia fixos e delimitados, mas um campo de batalha onde fervilham diferenças e traços multiculturais. Os signos da diferença cultural não podem ser unitários, porque sua contínua implicação em outros sistemas simbólicos deixa-os sempre incompletos, constantemente abertos à tradução. É o que se pode constatar em *A trilogia de Nova York*, de Paul Auster:

> Não importa quão longe ele fosse, o quanto conhecesse da cidade, sempre lhe ocorria a sensação de estar perdido. Não apenas dentro da cidade, mas dentro de si mesmo. Toda vez que saía a caminhar, sentia-se como quem deixa a si próprio para trás, entregando-se ao movimento das ruas. (...) O mundo existia do lado de fora, em torno e diante de sua pessoa, e a rapidez com que mudava impedia-lhe de se ocupar muito com qualquer coisa. O movimento, o ato de colocar um pé adiante do outro e abandonar-se ao impulso do próprio corpo era a essência de tudo. Ao vagar sem destino, todos os lugares tornavam-se iguais, e não mais lhe importava seu paradeiro. Suas melhores caminhadas eram quando se sentia estar em lugar nenhum, e isso era tudo o que queria: estar em lugar nenhum.[17]

Também no texto, tudo o que acontece e tudo o que se diz acontece e se diz na superfície. Aí, o sujeito da escrita é nômade, vagando por entre fronteiras cada vez menos demarcáveis. Ele segue fazendo o trabalho de um estranho cartógrafo, que não apenas delimita espaços, mas também os concebe como cenas instáveis.

---

17. AUSTER, Paul. *A trilogia de Nova York*. Trad. Marcelo Dias Almada. São Paulo: Best Seller, s/d, p. 8.

4. Aqui agora

Há uma canção de Gilberto Gil, intitulada "Aqui e agora", que diz:

> O melhor lugar do mundo é aqui e agora
>
> Aqui onde indefinido
> Agora que é quase quando
> Quando ser leve ou pesado
> Deixa de fazer sentido
>
> Aqui de onde o olho mira
> Agora que o ouvido escuta
> O tempo que a voz não fala
> Mas que o coração tributa
>
> Aqui onde a cor é clara
> Agora que é tudo escuro
> Viver em Guadalajara
> Dentro de um figo maduro
> Aqui longe em Nova Deli
> Agora sete oito ou nove
> Sentir é questão de pele
> Amor é tudo que move
>
> Aqui perto passa um rio
> Agora eu vi um lagarto
> Morrer deve ser tão frio
> Quanto na hora do parto
>
> Aqui fora de perigo
> Agora dentro de instantes

> Depois de tudo que eu digo
> Muito embora muito antes[18]

A canção sugere a idéia de que espaço e tempo são indissociáveis: todo aqui pressupõe um agora, e vice-versa. A própria noção de "lugar" – a princípio prioritariamente espacial – está associada a uma temporalidade. Tanto o *aqui* quanto o *agora* são "lugares". Espaço e tempo, por sua vez, constituem a identidade do poeta: só é possível ser quando se ocupa um espaço-tempo no mundo.

É curioso observar que os termos *aqui* e *agora* somente fazem sentido no instante e no contexto em que são enunciados. A que espaço e a que tempo se referem o *aqui* e o *agora* da canção? Trata-se do local e do momento em que a canção foi originalmente concebida, cantada? Ou trata-se do lugar e do instante em que ela é ouvida? No caso da segunda hipótese, cada audição criaria um novo *aqui* e um novo *agora*. Existiria, portanto, uma multiplicidade de "aquis e agoras" – que se reatualizariam constantemente. Que espaço é esse que pode ser muitos espaços? Que tempo é esse que pode ser vários tempos? A canção propõe – como autodefinição – que se fale de um "onde indefinido", e de um "quase quando".

Destaca-se a impossibilidade de conceituar, com precisão, as categorias espaço e tempo. Tais categorias não são fixas ou absolutas: são relacionais, dependem de referências que podem estar em contínua transformação. Quando falo "Aqui longe em Nova Deli", penso:

---

18. GIL, Gilberto. *Refavela*. CD Warner Music Brasil, 1994.

se é *aqui*, como pode ser *longe*? Refiro-me a um *aqui*, mas o posiciono em relação a um *outro lugar*. Percebo o lugar em que estou sempre levando em conta o lugar em que não estou – e este lugar, obviamente, pode ser vários lugares. Pode ser Guadalajara, pode ser o interior de um figo maduro. Quando falo "Agora sete oito ou nove", não estou chamando atenção para a dificuldade de cronometrar, de mensurar o instante? Um instante que sempre passa mas que continuamente se recompõe em um presente?

A idéia de deslocamento, de suspensão de parâmetros, atravessa toda a canção. Tempo-espaço fugidio e instável é a característica fundamental da existência, em que o parto e a morte não se dissociam. No entanto, aquilo que temos de mais efêmero é, paradoxalmente, o que temos de mais concreto: nosso corpo. O espaço-tempo só pode ser tangenciado por nossos sentidos: olho, ouvido, voz, coração. Produzir sentido é interagir com o corpo, é ativar a sensorialidade: "Sentir é questão de pele."

Haveria um lugar em que fosse possível driblar a efemeridade do espaço-tempo? Um lugar "fora de perigo"? Um lugar em que a vontade de fixar o aqui e o agora se tornasse viável? Não seria a própria canção esse lugar? Sim, a linguagem é capaz de gerar esse efeito: enquanto tudo passa, enquanto tudo *deixa de ser*, a linguagem permanece, o poeta continua a *ser* no interior da canção. A voz do poeta pode domar a rebeldia do espaço-tempo para criar seus próprios movimentos. Pode projetar-se na direção de seu desejo: prospectivamente – de um "agora" para um "dentro de instantes" – ou retrospectivamente – de um "depois de tudo que eu digo" para um "muito antes". No aqui-agora da linguagem, é o poeta quem tem o poder de criar definições. E uma das definições principais, que expressa a sensibilidade do poeta enquanto consciência do caráter transitório de todas as coisas, diz que "Amor é tudo que move".

Bibliografia

Textos teóricos

ARISTÓTELES. *Arte poética e arte retórica.* Trad. Antônio Pinto de Carvalho. Rio de Janeiro: Ediouro, s/d.
BAKHTIN, Mikhail. *Problemas da poética de Dostoiévski.* Trad. Paulo Bezerra. Rio de Janeiro: Forense-Universitária, 1981.
BAKHTIN, Mikhail. *Estética da criação verbal.* Trad. Maria Ermantina G. G. Pereira. São Paulo: Martins Fontes, 1997.
BAKHTIN, Mikhail. *Questões de literatura e de estética.* Trad. Aurora F. Bernardini et al. São Paulo: Hucitec/Unesp, 1993.
BARTHES, Roland et al. *Análise estrutural da narrativa.* 2ª ed. Trad. Maria Zélia B. Pinto. Petrópolis: Vozes, 1972.
BARTHES, Roland. *O rumor da língua.* Trad. Mário Laranjeira. São Paulo: Brasiliense, 1989.
BENJAMIN, Walter. *Charles Baudelaire, um lírico no auge do capitalismo.* Trad. José Carlos Martins Barbosa, Hemerson Alves Batista. São Paulo: Brasiliense, 1991. Obras escolhidas, vol. 3.
BENJAMIN, Walter. *Magia e técnica, arte e política.* Trad. Sérgio Paulo Rouanet. São Paulo: Brasiliense, 1985. Obras escolhidas, vol. 1.
BERGSON, Henri. *Matéria e memória.* Trad. Paulo Neves da Silva. São Paulo: Martins Fontes, 1990.
BLANCHOT, Maurice. *O espaço literário.* Trad. Álvaro Cabral. Rio de Janeiro: Rocco, 1987.
BORGES, J. L. *Cinco visões pessoais.* Trad. Maria Rosinda R. da Silva. Brasília: UnB, 1987.
BRADBURY, Malcolm, McFARLANE, James. *Modernismo - guia geral.* Trad. Denise Bottmann. São Paulo: Companhia das Letras, 1989.

BRAIT, Beth. *A personagem*. São Paulo: Ática, 1987.
BRANDÃO, Carlos R. *Identidade e etnia*. São Paulo: Brasiliense, 1986. Papéis, personagens e pessoas, p. 13-34.
CALVINO, Italo. A palavra escrita e a não-escrita. In: FERREIRA, Marieta M., AMADO, Janaína (org.). *Usos e abusos da história oral*. Rio de Janeiro: Fundação Getúlio Vargas, 1996.
CALVINO, Italo. *Seis propostas para o próximo milênio*. Trad. Ivo Barroso. São Paulo: Companhia das Letras, 1989.
CANDIDO, Antonio et al. *A personagem de ficção*. São Paulo: Perspectiva, 1976.
CANDIDO, Antonio. *A educação pela noite e outros ensaios*. São Paulo: Ática, 1989.
CANDIDO, Antonio. *O discurso e a cidade*. São Paulo: Livraria Duas Cidades, 1993.
CHARTIER, Roger (org.). *Práticas da leitura*. Trad. Cristiane Nascimento. São Paulo: Estação Liberdade, 1996.
CHARTIER, Roger. *A aventura do livro – do leitor ao navegador*. Trad. Reginaldo Carmello C. de Moraes. São Paulo: Unesp, 1998.
CHARTIER, Roger. *A ordem dos livros*. Brasília: UnB, 1994.
COELHO, Eduardo Prado (org.). *Estruturalismo – antologia de textos teóricos*. Lisboa: Portugália, 1968.
COELHO, Eduardo Prado. *Os universos da crítica*. Lisboa: Edições 70, 1982.
COMPAGNON, Antoine. *O trabalho da citação*. Trad. Cleonice P. B. Mourão. Belo Horizonte: Editora UFMG, 1996.
COMPAGNON, Antoine. *Os cinco paradoxos da modernidade*. Trad. Cleonice P. B. Mourão, Consuelo F. Santiago, Eunice D. Galéry. Belo Horizonte: Editora UFMG, 1996.
CONNOR, Steven. *Cultura pós-moderna*. 2ª ed. Trad. Adail U. Sobral, Maria Stela Gonçalves. São Paulo: Loyola, 1993.
CORTÁZAR, Julio. *Valise de cronópio*. 2ª ed. Trad. Davi Arrigucci Jr., João Alexandre Barbosa. São Paulo: Perspectiva, 1993.
COSTA LIMA, Luiz (org.). *A literatura e o leitor*. Rio de Janeiro: Paz e Terra, 1979.
COSTA LIMA, Luiz. A questão da narrativa. *34 Letras*, n. 4, p. 90-98, junho 1989.
COSTA LIMA, Luiz (org.). *Teoria da literatura em suas fontes*. 2ª ed. Rio de Janeiro: Francisco Alves, 1983.
CULLER, Jonathan. *La poética estructuralista*. Trad. Carlos Manzano. Barcelona: Anagrama, 1978.
DIMAS, Antonio. *Espaço e romance*. São Paulo: Ática, 1985.
DOSSE, François. *História do estruturalismo*; o campo do signo – 1945/1966. Trad. Álvaro Cabral. Campinas, São Paulo: Unicamp, Ensaio, 1993.

DOSSE, François. *História do estruturalismo*; o canto do cisne – de 1967 a nossos dias. Trad. Álvaro Cabral. Campinas, São Paulo: Unicamp, Ensaio, 1994.
EAGLETON, Terry. *Teoria da literatura: uma introdução*. 3ª ed. Trad. Waltensir Dutra. São Paulo: Martins Fontes, 1997.
ECO, Umberto. *Interpretação e superinterpretação*. Trad. M F. São Paulo: Martins Fontes, 1993.
ECO, Umberto. *Seis passeios pelos bosques da ficcção*. Trad. Hildegard Feist. São Paulo: Companhia das Letras, 1994.
ELIOT, T. S. *Ensaios*. Trad. Ivan Junqueira. São Paulo: Art, 1989.
FEBVRE, Lucien, MARTIN, Henry-Jean. *O aparecimento do livro*. Trad. Fulvia M. L. Moretto, Guacira M. Machado. São Paulo: Hucitec/Unesp, 1992.
FERNANDES, Ronaldo C. *O narrador do romance*. Rio de Janeiro: Sette Letras, 1996.
FOKKEMA, D. W., IBSCH, Elrud. *Teoria de la literatura del siglo XX*. Trad. Gustavo Domínguez. Madri: Cátedra, 1992.
FREADMAN, R., MILLER, S. *Re-pensando a teoria*; uma crítica da teoria literária contemporânea. Trad. Aguinaldo José Gonçalves, Álvaro Hattnher. Campinas: Unesp, 1994.
GENETTE, Gérard. *Discurso da narrativa*. Trad. Maria Alzira Seixo. Lisboa: Arcádia, 1979.
GREIMAS, A. J. et al. *Semiótica narrativa e textual*. Trad. Leyla Perrone-Moisés, Jesus A. Durigan, Edward Lopes. São Paulo: Edusp, 1977.
GREIMAS, A. J., COURTÉS, J. *Dicionário de semiótica*. Trad. Alceu Dias Lima et al. São Paulo: Cultrix, s/d.
HARVEY, David. *Condição pós-moderna*. Trad. Adail U. Sobral, Maria Stela Gonçalves. São Paulo: Loyola, 1993.
HUTCHEON, Linda. *Uma teoria da paródia*. Trad. Teresa Louro Pérez. Lisboa: Edições 70, 1989.
ISER, Wolfgang. *O ato de leitura*; uma teoria do efeito estético. Trad. Johanenes Kretschmer. São Paulo: Editora 34, 1996.
ISER, Wolfgang. *O fictício e o imaginário*. Trad. Johanenes Kretschmer. Rio de Janeiro: Editora UERJ, 1996.
JAKOBSON, R. *Lingüística. Poética. Cinema*. Trad. Francisco Aschcar et al. São Paulo: Perspectiva, 1970.
JAKOBSON, R., POMORSKA, K. *Diálogos*. Trad. Elisa Angotti Kossovitch. São Paulo: Cultrix, 1985.
JAMESON, Fredric. *Espaço e imagem*. Trad. Ana Lúcia A. Gazolla. Rio de Janeiro: Editora UFRJ, 1994.
JAUSS, Hans Robert. *A história da literatura como provocação à teoria literária*. Trad. Sérgio Tellaroli. São Paulo: Ática, 1994.
KOTHE, Flávio. *Literatura e sistemas intersemióticos*. São Paulo: Cortez, 1981.

KRISTEVA, Julia. *Introdução à semanálise*. Trad. Lúcia Helena França Ferraz. São Paulo: Perspectiva, 1974.
LEITE, Lígia Chiappini. *O foco narrativo*. São Paulo: Ática, 1987.
LÉVY, Pierre. *As tecnologias da inteligência*. Trad. Carlos Irineu da Costa. São Paulo: Editora 34, 1993.
LINS, Osman. *Lima Barreto e o espaço romanesco*. São Paulo: Ática, 1978.
LOPES, Edward. *A identidade e a diferença*. São Paulo: Edusp, 1997.
LOURENÇO, Eduardo. *Fernando, rei da nossa Baviera*. Lisboa: Imprensa Nacional/ Casa da Moeda, 1993.
LUBBOCK, Percy. *A técnica da ficção*. Trad. Octavio Mendes Cajado. São Paulo: Cultrix, 1976.
MANGUEL, Alberto. *Uma história da leitura*. Trad. Pedro Maia Soares. São Paulo: Companhia das Letras, 1997.
MATOS, Olgária C. F. *O iluminismo visionário: Benjamin, leitor de Descartes e Kant*. São Paulo: Brasiliense, 1993.
MELO E CASTRO, E. M. de. *O fim visual do século XX*. São Paulo: Edusp, 1993.
MENDILOW, A. A. *O tempo e o romance*. Trad. Flávio Wolf. Porto Alegre: Globo, 1972.
MEYERHOFF, Hans. *O tempo na literatura*. Trad. Myriam Campello. São Paulo: McGraw Hill do Brasil, 1976.
NUNBERG, Geoffrey (org.). *El futuro del libro*. Trad. Irene Núñez Aréchaga. Barcelona: Paidós, 1998.
NUNES, Benedito. *O tempo na narrativa*. São Paulo: Ática, 1988.
PAULINO, Graça, WALTY, Ivete (org.). *Teoria da literatura na escola*. Belo Horizonte: FALE/UFMG, 1992.
PAZ, Octavio. *Convergências*; ensaios sobre arte e literatura. Trad. Moacir Werneck de Castro. Rio de Janeiro: Rocco, 1991.
PAZ, Octavio. *Os filhos do barro*. Trad. Olga Savary. Rio de Janeiro: Nova Fronteira, 1984.
PAZ, Octavio. *Signos em rotação*. Trad. Sebastião Uchôa Leite. São Paulo: Perspectiva, 1986.
PEIRCE, Charles S. *Semiótica*. Trad. José Teixeira Coelho Neto. São Paulo: Perspectiva, 1977.
PERRONE-MOISÉS, Leyla. *Flores na escrivaninha*. São Paulo: Companhia das Letras, 1990.
PERRONE-MOISÉS, Leyla. *Texto, crítica, escritura*. São Paulo: Ática, 1978.
PIGLIA, Ricardo. *O laboratório do escritor*. Trad. Josely Vianna Baptista. São Paulo: Iluminuras, 1994.
PIGNATARI, Décio. *Semiótica e literatura*. São Paulo: Cultrix, 1987.
POMORSKA, Krystyna. *Formalismo e futurismo*. Trad. Sebastião Uchôa Leite. São Paulo: Perspectiva, 1972.
PORTELLA, Eduardo et al. *Teoria literária*. Rio de Janeiro: Tempo Brasileiro, 1979.

POUILLON, Jean. *O tempo no romance*. Trad. Heloysa de Lima Dantas. São Paulo: Cultrix, 1974.
POUND, Ezra. *A arte da poesia*. 3ª ed. Trad. Heloysa de Lima Dantas, José Paulo Paes. São Paulo: Cultrix, 1991.
POUND, Ezra. *Abc da literatura*. Trad. Augusto de Campos, José Paulo Paes. São Paulo: Cultrix, 1990.
RICOUER, Paul. *Tempo e narrativa*. Trad. Constança Marcondes Cesar. Campinas: Papirus, 1994 (3 vols.).
SARTRE, Jean-Paul. *Que é a literatura?* Trad. Carlos Felipe Moisés. São Paulo: Ática, 1989.
SCHULER, Donaldo. *Teoria do romance*. São Paulo: Ática, 1989.
SEIXO, Maria Alzira. *Para um estudo da expressão do tempo no romance português contemporâneo*. Lisboa: Imprensa Nacional/ Casa da Moeda, 1987.
SELDEN, Raman, WIDDOWSON, Peter. *A Reader's Guide to Contemporary Literary Theory*. Londres: Harvester Wheatsheaf, 1993.
TADIÉ, Jean-Yves. *A crítica literária no século XX*. Trad. Wilma Freitas Ronald de Carvalho. São Paulo: Bertrand Brasil, 1992.
TODOROV, Tzvetan. *As estruturas narrativas*. 2ª ed. Trad. Leyla Perrone-Moisés. São Paulo: Perspectiva, 1970.
TODOROV, Tzvetan. *Crítica de la crítica*. Trad. José Sánchez Lecuna. Barcelona: Paidós, 1991.
TODOROV, Tzvetan. *Estruturalismo e poética*. Trad. José Paulo Paes, Frederico Pessoa de Barros. São Paulo: Cultrix, 1976.
TOLEDO, Dionísio de Oliveira (org.). *Teoria da literatura – formalistas russos*. Porto Alegre: Globo, 1971.
WATT, Ian. *A ascensão do romance*. Trad. Hildegard Feist. São Paulo: Companhia das Letras, 1990.
WELLEK, René. *Conceitos de crítica*. Trad. Oscar Mendes. São Paulo: Cultrix, s/d.
ZILBERMAN, Regina. *Estética da recepção e história da literatura*. São Paulo: Ática, 1989.

Textos literários

AMADO, James (ed.). *Gregório de Matos: obra poética*. Rio de Janeiro: Record, 1990 (2 vols.).
ANDRADE, Carlos Drummond de. *Obra completa*. 8ª ed. Rio de Janeiro: Nova Aguilar, 1992.
ANTUNES, Arnaldo. *2 ou + corpos no mesmo espaço*. São Paulo: Perspectiva, 1997.
ASSIS, Machado de. *Obra completa*. Rio de Janeiro: Nova Aguilar, 1997 (3 vols.).

AUSTER, Paul. *A trilogia de Nova York*. Trad. Marcelo Dias Almada. São Paulo: Best Seller, s/d.
AZEVEDO, Aluísio. *O cortiço*. 8ª ed. São Paulo: Ática, 1979.
CAMPOS, Álvaro de. Transcrição, introdução, organização e notas de Teresa Rita Lopes. 2ª ed. Lisboa: Editorial Estampa, 1994.
CAMPOS, Augusto de. *Despoesia*. São Paulo: Perspectiva, 1994.
CAMPOS, Augusto de. *O anticrítico*. São Paulo: Companhia das Letras, 1986.
CAMPOS, Augusto de. *Poesia 1949-1979 (VIVA VAIA)*. São Paulo: Brasiliense, 1986.
CASTELO BRANCO, Camilo. *Memórias de Guilherme do Amaral*. Lisboa: Parceria A. M. Pereira, 1966.
CUMMINGS, E. E. *40 poem(a)s*. Trad. Augusto de Campos. 2ª ed. São Paulo: Brasiliense, 1986.
DOSTOIÉVSKI, Fiódor M. *Crime e castigo*. Trad. Natália Nunes. São Paulo: Abril Cultural, 1979.
GIL, Gilberto. *Refavela*. CD Warner Music Brasil, 1994.
HATOUM, Milton. *Relato de um certo oriente*. São Paulo: Companhia das Letras, 1989.
HERCULANO, Alexandre. *Lendas e narrativas*. vol. II. Lisboa: Europa-América, s/d.
HOMERO. *Odisséia*. Trad. Carlos Alberto Nunes. São Paulo: Ediouro, s/d.
JOYCE, James. *Ulisses*. Trad. Antônio Houaiss. Rio de Janeiro: Civilização Brasileira, 1966.
MANN, Thomas. *A montanha mágica*. Trad. Hebert Caro. Porto Alegre: Globo, 1952.
NASSAR, Raduan. *Lavoura arcaica*. 3ª ed. São Paulo: Companhia das Letras, 1989.
NAVA, Pedro. *Baú de ossos*. 4ª ed. Rio de Janeiro: José Olympio, 1974.
PESSOA, Fernando. *Obra poética*. 9ª ed. Rio de Janeiro: Nova Aguilar, 1986.
PESSOTTI, Isaías. *Aqueles cães malditos de Arquelau*. São Paulo: Editora 34, 1994.
PIGLIA, Ricardo. *A cidade ausente*. Trad. Sérgio Molina. São Paulo: Iluminuras, 1993.
Poesia concreta. São Paulo: Abril Cultural, 1982 (Coleção Literatura Comentada).
POMPÉIA, Raul. *O Ateneu*. 9ª ed. São Paulo: Ática, 1986.
PROUST, Marcel. *Em busca do tempo perdido*. 7ª ed. Porto Alegre: Globo, 1981 (7 vol.).
QORPO-SANTO. *Teatro completo*. Brasília: Serviço Nacional de Teatro, Fundação Nacional de Arte, 1980.
RÊGO, José Lins do. *Menino de engenho*. 8ª ed. Rio de Janeiro: José Olympio, 1965.

SANT'ANNA, Sérgio. *Confissões de Ralfo*; uma biografia imaginária. Rio de Janeiro: Civilização Brasileira, 1975.
SANT'ANNA, Sérgio. *Notas de Manfredo Rangel, repórter* (a respeito de Kramer). Rio de Janeiro: Civilização Brasileira, 1973.
SARAMAGO, José. *O ano da morte de Ricardo Reis*. São Paulo: Companhia das Letras, 1988.
TABUCCHI, Antonio. *Noturno indiano*. Trad. Wander Melo Miranda. Rio de Janeiro: Rocco, 1991.
TABUCCHI, Antonio. *Os voláteis do Beato Angélico.* Trad. Helena Domingos. Lisboa: Quetzal, 1989.
VERDE, Cesário. *O livro de Cesário Verde*. Lisboa: Livros Horizonte, 1983.